U0932492

创无止境

王建伟◎主编

人民邮电出版社
北京

图书在版编目（CIP）数据

创无止境 / 王建伟主编. -- 北京 : 人民邮电出版社, 2019.6（2019.7重印）
ISBN 978-7-115-51119-5

Ⅰ. ①创… Ⅱ. ①王… Ⅲ. ①技术革新—研究—中国 Ⅳ. ①F124.3

中国版本图书馆CIP数据核字(2019)第068378号

内 容 提 要

本书从总结人类在各领域的创新成就起笔，描述了三次产业革命的深远影响，阐述了新一代信息技术对新时代创新的促进作用，围绕技术创新、应用创新、管理创新、模式创新和业态创新给出作者的思考和解决方案。本书注重将经典理论与我国当下的商业实践案例相结合，强调理论的实操性、本地化，注重理论联系实际，有助于解决当前我国企业面临的创新升级问题。

◆ 主　　编　王建伟
　责任编辑　赵　娟
　责任印制　彭志环
◆ 人民邮电出版社出版发行　　北京市丰台区成寿寺路11号
　邮编　100164　　电子邮件　315@ptpress.com.cn
　网址　http://www.ptpress.com.cn
　三河市中晟雅豪印务有限公司印刷
◆ 开本：880×1230　1/32
　印张：9.75　　　　2019年6月第1版
　字数：170千字　　　2019年7月河北第2次印刷

定价：68.00元

读者服务热线：(010)81055493　印装质量热线：(010)81055316
反盗版热线：(010)81055315
广告经营许可证：京东工商广登字20170147号

编委会

前言

创新是一个民族进步的灵魂，是一个国家兴旺发达的不竭动力，也是中华民族最深沉的民族禀赋。进入21世纪以来，全球科技创新进入空前密集活跃的时期，新一轮科技革命和产业变革正在重构全球的创新版图、重塑全球的经济结构。

从创新方向来看，信息技术是最具潜力、最具活力的创新领域。新一代感知、传输、存储、计算技术加速融合创新，信息技术架构、材料、装备、工艺及发展模式、产品形态创新步伐加快，极大地激发了泛在获取、海量存储、高速互联、智能处理、数据挖掘等技术的创新活力和应用潜力，万物互联、模式识别、语义分析、深度学习、虚拟现实共同促使人类智慧迈向更高境界。与此同时，信息技术与制造、能源、材料、生物等技术加速交叉融合，智能控制、人机交互、分布式能源、智能材料、生物芯片等领域的交叉融合创新方兴未艾，孕育了工业互联网、能源互联网、新材料等新产品和新业态，引发多领域的系统性、革命性、群体性技术突破。

从创新主体来看，万众创新正成为激发全社会创新潜能的新动力。互联网、开源软硬件、3D打印等新技术的应用，使社会大众可以方便地将创意和想法形象化，并快速转化为现实产品，降低了创新创业的门槛和成本。社交网络的普及以及开源技术平台面向大众创业者开放，使大众创业者能够作为产业生态中的重要角色，成为产业资源的组织配置者，直接参与到产品构思、设计、制造、改进等环节。随着生产组织方式“去中心化”和网络化，创新主体逐渐从研究型大学、科研院所、大型企业向个人延伸，社会大众成为创新的主要力量。一批行业龙头企业围绕自身产业生态系统构建的巨型创新创业平台，汇集了几百万乃至上千万的创业群体，正在成为新的万众创新生态体系。

从创新方式来看，开放协同正在重构传统的创新组织体系。随着基础研究、应用研究、技术开发和产业化边界日趋模糊，孤立的、单向的、封闭的创新方式已经不能满足产业链协同创新的要求。全球创新网络深刻重构，国家重大科技基础设施的开放和共享全面加快。企业内部异地协同创新（多地）、技术创新与制造协同等生产组织方式不断涌现。创新主体互动、创新资源组织和创新成果转化方式更加网络化、全球化和便捷化，促进形成更开放、更灵活、更快速、更贴近用户的创新发展模式，开启以融合创新、系统创新、迭代创新、微创新为突出特征的创新时代。

从创新形态来看，技术创新、业态创新、商业模式创新相互交织、激荡融合。新一代信息技术与制造业融合不断催生新技术、新模式，并形成了富有创新活力和发展潜力的新业态。集成电路、人工智能、移动互联、大数据、新型传感器、3D打印等新技术的持续演进，推动着制造业产品、装备、工艺、服务的智能化，基于新一代智能装备的新型生产组织方式正广泛普及。无人驾驶汽车、无人飞机、数控机床、智能机器人、智慧家居、可穿戴设备等高度智能化产品的商业化步伐不断加快。智能装备呈现集成化、高端化、无人化趋势，制造装备正从智能制造单元、智能车间向智能工厂演进，基于信息物理生产系统（CPS）的智能工厂和智能制造模式正在引领制造方式的变革。全球研发设计、生产制造、服务交易等资源配置体系加速重组，网络众包、精准供应链管理等正在构建企业新的竞争优势，全生命周期管理、总集成总承包、互联网金融、电子商务等加速重构产业价值链新体系。围绕需求链和产业链部署创新链、围绕创新链完善资金链，成为产业创新和发展的新形态。

从创新战略来看，重构国家制造业创新体系正成为许多国家的战略任务。产业创新活动不断突破地域、组织、技术的界限，演化为创新体系的竞争，创新战略竞争在综合国力竞争中的地位日益重要，整合政府、企业、协会、院所优势

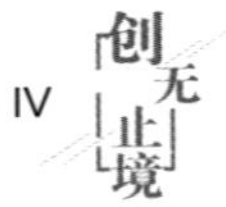

资源的跨领域、协同化的制造业创新体系在新一轮产业变革中的作用日益凸显。

《创无止境》从宏观到微观、从历史到现代，畅谈“创新”在人类文明史、国家发展史中的决定性作用，梳理新一代信息技术在新一轮科技革命和产业变革中的引领性作用，并对新时代“大众创业、万众创新”战略理念进行通俗的阐释和说明。同时，《创无止境》重点从技术创新、应用创新、管理创新、模式创新、业态创新等角度出发，对航空、服装、金融等行业近20家企业的典型案例进行了深度剖析，总结这些企业创新活动获得成功的方法和原因，为更多主体探索第四次工业革命背景下“双创”的实践路径提供启发。

目 录

第六章 应用创新：改变生产生活方式

第七章 管理创新：重塑组织和个人

第八章 模式创新：重构产业创新体系

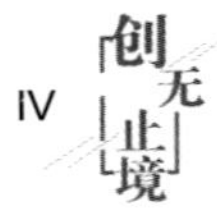
创
无
止
境

上篇

创新之源

人类社会发展的不竭动力

第一章　人类文明史就是一部创新史

现在的一切美好事物，无一不是创新的成果。

——穆勒

从刀耕火种到大规模机械化生产，从星座占卜到宇航探索，从茹毛饮血到分子料理，人类是如何一步一步发展到今天的？这是一个值得我们每个人深入思考的问题。纵观人类文明历史长河，每个重要节点都闪烁着创新的光辉：火的使用使人类对于食物中营养的摄取能力大大提高；从石器到青铜器再到铁器，工具的进化使人类的生产力水平不断提高；几次产业革命使生产效率达到前所未有的水平。不难发现，在人类每步坚实的发展历程中，都不会缺少突破与创新的影子。正是这些伟大的发明和创新使人类社会的生存方式从狩猎采集向农耕游牧再向工业生产改变，人类文明也一步步从原始文明到农业文明再发展到工业文明。人类每次的重要发明和突破都推动着人类的进一步发展，所以说人类的文明史就是一部创新史。

1.1 从原始文明到农业文明的进化

有人说过，人类是可以制造和使用工具的高等动物，由此可以看出，人类和其他动物的最大区别就在于创造和使用工具。几百万年前，古人类自从选择了直立行走，就与其他动物走上了不同的道路，如图 1-1 所示。

图1-1 人类的进化

对于火的创造性使用彻底改变了人类的生活方式；之后，生产材料和生产技术的不断创新，使用石材、青铜、铁来制造工具改变了人类的生产方式。可以说，早期人类的创新集中在各种工具的发明和使用上，人类进化过程阶段如图 1-2 所示。

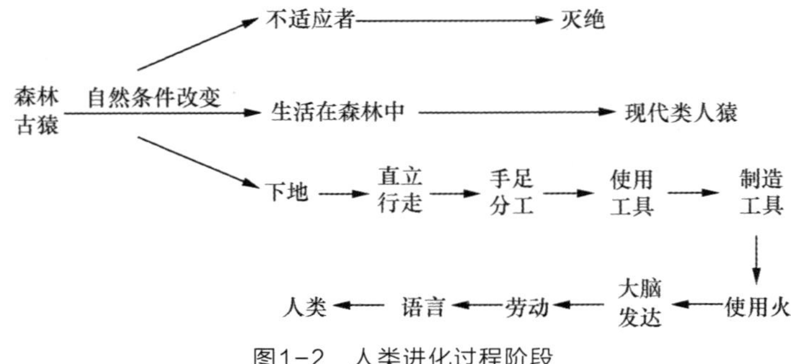

图1-2 人类进化过程阶段

1.1.1　文明之“火”

在人类进化的漫长时间里，人类既不会利用自然火，也不会生火。远古人类同动物一样，过着茹毛饮血的生活。他们在山林间穿行，食生肉，饮生水，靠动物的皮毛保暖。那么是什么促使人类想要掌握火种的呢？当时的情景也许是这样的。

秋日的天气十分干燥，午后的阳光如同夏天一样强烈，森林中干枯的落叶耐不住高温自燃起来，火苗顺着干燥的落叶瞬间吞噬了整个森林，森林中躲闪不及的飞禽走兽葬身火海。远古人类目睹了这一切，在他们眼中火就像一只饥饿的猛兽一样，贪婪地吞噬着一切生灵，所到之处哀鸿遍野，所有的东西变成焦炭，之后，远古人类进入森林寻找食物。经过火烧之后，那些飞禽走兽的脂肪变成芳香类物质飘散开来，使森林中除了焦炭的味道还若有若无地存在一股食物的飘香。远古人类循着味道找到被烧死的飞禽走兽，大为惊喜，因为大火不仅使他们省掉力气捕猎食物，还使食物变得更加可口。

远古人类对火的感情是复杂的：一方面希望出现火；另一方面又畏惧火。希望出现火是因为大火过后森林中有大量美味的食物，靠近火源时会感受到温暖；畏惧火是因为大火蔓延时的肆虐狂暴，生灵涂炭。随着远古人类越来越深入地认识自然，他们发现火并不是可怕的猛兽，而是和大雨一样会不时出现的现象，所以为了得到美味可口的食物，或是出于对温暖的渴求，远古人类克服了对于火的恐惧，想要控制火的想法也逐渐出现在远古人类的大脑中。于是在某次山火肆虐过后，有人创造性地将并未熄灭的火堆保留了下来，并且为了不让火熄灭，部落里分配人专门照看火种，及时添加柴火。火种如图 1-3 所示。

想要确切地知道人类从何时开始利用火已经是不大可能的事情了，但考古发现，很早以前的远古人类就已经开始利用火了。目前，在我国发现的最早的人类使用火的证据是在距今约 170 万年前的云南元谋人遗址地层中发现了炭屑和烧过的骨头。不仅在我国，在欧洲早期旧石器文化遗址中也有使用火的证据。

图1-3　火种

在能够生火之前，远古人类只能依靠自然火灾保存火种。通过这种方法使用火是很困难的：一是保存困难，一阵风就可能将来之不易的火种吹灭，抑或照看火种的人打个盹的工夫火种就熄灭了，火种一旦熄灭就只能等下次自然火灾的出现；二是使用火的地点有限，只能在远古人类的洞穴附近，而遇到重大灾害需要改变住处的时候就只能将火种遗弃。种种不便使远古人类萌生了造火的想法。通过不断观察，他们发现高温可以生火，于是人类的发展又向前跨出了一大步。目前，关于远古人类如何取火的方式，广泛认可的方式有两种：敲击燧石取火和钻木取火。《韩非子·五蠹》记载："上古之世，人民少而禽兽众……有圣人作，钻燧取火，以化腥臊；而民说（通'悦'）之，使王天下，号之曰'燧人氏'。"自从发明了人工取火、掌握火的使用后，人类的发展就开启了一个新的篇章。

火：人类智慧产生的原动力

火的创造性使用提高了人类获取营养的手段。远古时期，在人类还不会使用火的时候，人类如动物一样吃生肉，然而吃生肉不易消化，获得的能量也是有限的。为了获取足够的蛋白质、脂肪和热量，远古人类每天不得不花费大量的时间采集和摄取食物。但是火的出现，改变了人类的饮食习惯。长期食用熟食，促进了人类的进化，因为熟食容易被消化和吸收，可以增加营养，进一步促进人体大脑的发育。与人体的其他器官相比，人脑的能耗是最高的，大约占身体总能量消耗的 20%。曾有人研究过其他灵长类动物的新陈代谢，发现它们生吃食物转化的能量不足以支持特别高耗能的器官。饮食习惯的改变，使人类获取的能量增加，在漫长的进化过程中，人类的脑容量增加，并且通过火加热食物，可以杀死食物中的致病菌，减少疾病，大大提高了人类的存活率和寿命。另外，火的使用还扩大了食物的来源和种类，可以烹饪较难消化的食物。

火：人类生存的保障

远古人类风餐露宿、居无定所，为了找到避风挡雨的山洞，需要与野兽竞争。即使找到合适的山洞，为了保障自身的安全，也需要抵御野兽的侵袭。山洞中阴冷潮湿，为了获得更加舒适的生活空间，需要使山洞变得干燥温暖。人类掌握生火技能后，使他们的居住条件改善了很多，也使他们的生存环境更加安全。群居的原始人类在山洞口架起熊熊燃烧的火堆，除了可以烹饪熟食，还可以取暖、照明以及抵御野兽的侵袭。火使人类增强了抵御严寒的能力，扩大了人类的活动范围，使人类不再受气候和地域的限制，能够在寒冷的地区生活，提高了人类的生存率。远古人类对于黑暗的恐惧也因为火的出现而减弱。另外，火还是原始人狩猎的重要手段之一，其他动物并不像人类一样会利用火，野兽对火有一种天然的恐惧，所以原始人类用火驱赶、围歼野兽，一方面保障自己的安全，另一方面提高狩猎效率，解放生产力。可以说，火为人类的生存筑起了一道安全之墙，大大提高了人类的安全保障。

火：人类进步的助推器

人工取火的发明标志着人类终于掌握了驾驭火的能力。人类对火的使用从最初的烹饪食物、取暖和照明，逐渐发展到生产上。

火促进了农业的发展，人类利用火开创了原始的农业生产方式——“刀耕火种”，即先用石斧（后来用铁斧）将树木杂草的枯根朽茎砍倒，待晒干后焚草为肥，再在清理过的土地上进行耕种，以提升种植的产量。

火促进了原始手工业的发展。在使用火的过程中，人类发现可以利用火生产工具。狩猎用的工具，如弓箭、木矛等经过火烤矫正，制作过程难度降低，能得到更加复杂的形状，并且经过火烧后的木材在表面上会形成一层十分稳定的碳，使木材不容易腐烂，延长了工具的保存时间，促进了工具性能的改进。工具生产效率和性能的提升，促进了人类狩猎和耕种的效率提升，有助于人类的分工合作。

随着人类越来越多地使用火，人类逐渐学会利用火烧制陶器。考古发现，我国陶器的发明和使用已经有上万年的历史。在多处新石器时代的遗址中都发现了大量的陶器。最初人们可能是在平地上堆放柴草，将陶器坯体放在其中烧，由于这种开放式的烘烧温度较低，烧制的陶器成品率低、质量差。后来人们发明了窑炉，入窑坯烧是制陶器的关键，窑炉大大提高了烧制温度，烧制温度一般为1000℃～1200℃，为此后陶器和瓷器的发展奠定了基础。

在长期使用火的实践过程中，人类发现了冶炼矿石的方法，逐渐发明了金属冶炼方法，为青铜器的出现奠定了基础。而青铜器的出现结束了人类长达几十万年的石器时代，开创了青铜器时代，为后期人类进一步解放生产力提供了条件。

恩格斯曾说："就世界性的解放作用而言，摩擦生火还是超过了蒸汽机，因为摩擦生火第一次使人支配了一种自然力，从而最终把人和动物界分开。"纵观人类文明发展的历史，从来没有一项发明能像火这样影响巨大、深远。人类认识、使用和掌握火，是人类认识自然并利用自然来改善生产和生活的第一次实践。自从人工取火的创新后，人类文明的每次进步，火的作用和影响都不容忽视。

1.1.2 工具的进化从石器、青铜器到铁器

材料是人类文明的物质基础，人类文明的每次发展都伴随着使用材料的巨大进步。据此，人类历史的发展时期可以分为石器时代、青铜器时代、铁器时代和新材料时代。

人类从开始学会使用工具，历经了几十万年的石器时代，直到青铜器时代的到来，人类使用的材料才进入一个快速发展的时期，石器时代如图 1-4 所示。

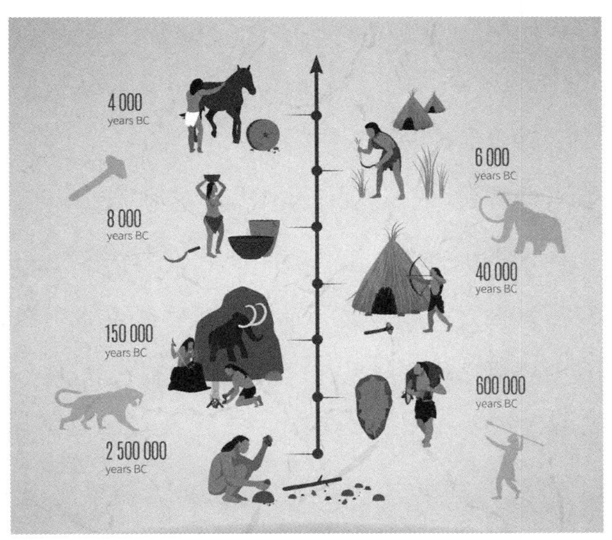

图1-4　石器时代

石器时代

从世界范围看，人类开始制造工具大约是在300万年前。最早的工具大概没有什么标准，一物可以多用。在坦桑尼亚奥都威峡谷发现的最早石制工具大约距今 200 万年，其典型的石器是用砾石打制的砍砸器。

在旧石器时代，制作石器最原始的办法是敲击或碰击一块石头使之形成刃口，即成石器。打制切割用的带有薄刃的石器有一定的方法和步骤：先从石块上打下所需要的石片，再把打下的石片修整成石器。初期，石器是用石锤敲击修整的，边缘不太平齐；到了中期，使用木棒或骨棒修整，边缘比较平整了；到了后期，修整技术进一步提高，创造了压制法。压制的工具主要是骨、角或硬木。用压制法修整出来的石器已经比较精细。

到新石器时代，石器制造技术有了很大进步。首先，对石料的选择、切割、磨制、钻孔、雕刻等工序已有一定的要求。选定石料后，先打制成石器的雏形，然后把刃部或整个表面放在砺石上加水和沙子磨光，这就成了磨制石器。

穿孔技术的发明是石器制作技术上的又一个发明创造，它基本上可分为钻穿、管穿和琢穿三种。钻穿是用一端削尖的坚硬木棒，或在木棒一端装上石制的钻头，在要穿孔的地方先加些潮湿的沙子，再用手掌或弓弦来转动木棒钻孔；管穿是用削尖了边缘的细竹管来穿孔，具体方法与钻穿相同；琢穿即用敲琢器在大件石器上直接琢成大孔。穿孔的目的在于制成复合工具，使石制的工具能比较牢固地捆缚在木柄上，便于使用和携带，以提高劳动效率。

原始社会时期，生产工具的改进增强了人们与自然界做斗争的能力，社会生产和生活的天地变得日益广阔起来。但由于当时人们所能支配的物质只不过是石、木、骨、角、利用天然纤维简单加工而成的绳索等，这就限制了工具的创造和发展。

青铜器时代

随着时代的演进，农业和家庭手工业不断发展，不仅对石器的需求量增加，而且对石器的质地要求也更高，因此采矿业就发展起来了。人类在长期使用火的过程中发现，石块在火中灼烧之后容易裂开，于是在采石中遇到比较大的石块时，人们会架起火堆通过火烧使石块自然分裂。在这个过程中，人类逐渐掌握了用火冶炼矿石的经验。远古人类在烧制石器的过程中发现，某些矿石可以被熔化，而熔化冷却后凝结的块状物体硬度较高，经过再次加热之后还能熔化再凝结。经过一次次的实践，远古人类发现了冶炼铜矿、制造青铜器的方法，揭开了青铜器时代的序幕。

青铜器是一种世界性的文明象征，青铜器的发明是人类文明史上的一大奇迹。世界上的不同地区进入青铜器时代的时间有很大差异，中国和希腊开始于大约公元前3000年，不列颠晚至公元前1900年，而两河流域和埃及在公元前3000年已进入青铜文明鼎盛期。在其他几个文明地区，最初发现的是纯铜，也称红铜，由于硬度较低，不太适合制作生产工具。后来人们发现在冶炼时加入其他矿石后，会得到硬度较高的合金，即青铜。青铜较红铜有很大的优越性，用青铜制造的刀要比用红铜制成的刀锋利得多，并且青铜的熔点比红铜的熔点更低，青铜熔液的流动性更好，也就是说青铜具有更好的冶炼性能。

虽然我国进入青铜器时代的时间不是世界上最早的，但中国的青铜器在世界上享有盛誉，无论是制作技艺还是艺术价值都是无可比拟的，它显示了中国在先秦时期高超的技艺和文化水平。在我国先秦古籍《周礼·考工记》中记载了“六齐”规则，即冶炼青铜的六种配方：“金有六齐，六分其金而锡居一，谓之钟鼎之齐；五分其金而锡居一，谓之斧斤之齐；四分其金而锡居一，谓之戈戟之齐；三分其金而锡居一，谓之大刃之齐；五分其金而锡居二，谓之削杀矢之齐；金锡半，谓之鉴燧之齐。”当时的人们已经认识到青铜的成分与性能的关系。1939 年，考古学家在安阳市武官村发掘出土了一个殷代的庞然大物——后母戊大方鼎，如图 1-5 所示。后母戊大方鼎是目前世界上出土的最大的青铜器，重达 832.84 千克，需要 12 个强壮的成年男子才能抬起来，可见当时铸造之不易。

图1-5　后母戊大方鼎

1965 年在湖北江陵出土的越王勾践剑，如图 1-6 所示，是春秋晚期越国的青铜器，剑身上因镀有一层纳米晶铬而千年不锈，剑刃至今还十分锋利，被称为“天下第一剑”，可见当时青铜制作技术的精湛。湖北随州出土的曾侯乙编钟，如图 1-7 所示，重达 2567 千克，其音域之宽广堪与现代乐器媲美，跨 5 个八度，比现代钢琴只少 1 个八度。

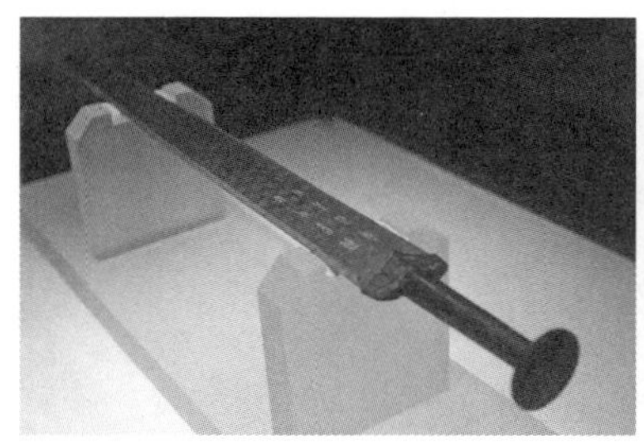

图1-6　越王勾践剑

图1-7　曾侯乙编钟（局部）

青铜器的发展极大地改变了人类的生活面貌。青铜器是人类社会生活中广泛使用的第一种金属制品，用青铜器制成的各种生产工具、生活用具和武器大大促进了生产力的发展，提高了物质文明，推动了社会的进步，促进了氏族社会的瓦解和奴隶社会的诞生。在美索不达米亚地区出土的青铜镰刀和镶嵌着青铜的犁，说明了青铜工具在农业生产领域的应用。这些农耕技术广泛传播到欧洲、埃及等地，牛拉耕犁的使用进一步提高了农业生产的效率。在我国的考古发掘中也发现了一些铜制的生产工具。中国古代之所以能够比欧洲早几千年出现封建社会，其中一个很重要的原因就是中国古代社会生产力很早就得到了很好的发展，而这与当时中国的冶炼技术的高度发展密切相关。中国在春秋晚期已经发明了生铁冶炼铸造技术，比欧洲早1900年。

青铜器的铸造不是一件轻而易举的事，有一整套科学的冶铸技术，包括采矿、熔炼、制模、翻范、配料、抛光等。青铜铸造业的出现在科技史上具有里程碑式的意义。随着青铜冶炼技术的发展，在青铜器时代，除了铜、锡外，人类还掌握了铅、金、银、汞的冶炼方法。这些有色金属的开发和利用使古代的青铜文化更显得丰富多彩，同时也奠定了金属冶炼的基础，为铁的冶炼发展奠定了基础。

铁器时代

青铜器时代，人类冶炼青铜的温度为800℃左右，这也是当时人类所能制造出来的极限温度，但是铁的熔点在1500℃左右，所以当时的人类不可能冶炼铁。但是在土耳其却发现了距今4500年的铜柄铁刃匕首。研究发现，这个匕首是由当时的赫梯帝国制造的。在我国也发现了商朝的铁刃铜钺，但当时人类还处于青铜器时代，并不具有冶炼铁的技术。

根据检测发现，这些铁中含有镍、钴和硫元素。进一步研究发现，这些铁属于陨铁。当陨石穿过地球大气层时，与大气层摩擦产生大量的热，达到冶炼铁的温度，陨石经过燃烧后留下来的就是直接可以使用的铁合金。不仅仅是现在的研究，当时的文字记载也同样证明古代的铁来自陨石：古代苏美尔人把铁称为“天上的铜”；赫梯人的楔形文字也记载了铁来源于天上；埃及也有文字记载在建造金字塔的时候用到了“天上的石头”；在西亚的一些民族中还流传着一个传说：铁既然是从天上掉下来的，那么天空肯定是一个大铁盘。

由于当时获取铁全凭运气，所以铁在当时极为罕见，一部分被用来为贵族制作饰物，另一部分则被用来制造武器。据记载，埃及国王向赫梯国王写信想要一把铁匕首，赫梯国王回信说要用黄金来换，可见铁在当时是多么珍贵。

由于铁合金的硬度要远远大于铜合金，而且韧性也比铜合金要好，所以拥有炼铁这种高科技的赫梯帝国在当时的实力是十分强大的。文字记载：赫梯民族是一个十分好战的民族，当时他们主要的武器就是铁制斧头、短剑和弓箭，与其他国家的青铜制武器相比，优势是很明显的，当时赫梯帝国的军队人数最多达到30万。赫梯帝国作战的主要方式是身披铁甲的马拉战车扫荡战场，战车所过之处战无不胜、所向披靡，让当时的古埃及王国苦不堪言。

当时赫梯国王把炼铁技术视为珍宝，命令他的国民不准将炼铁技术传到国外，所以炼铁技术并没有迅速发展起来，直到赫梯帝国灭亡，炼铁工匠散落到世界各地，炼铁技术才传播到世界的其他地方。我国铁器的大规模应用出现在春秋战国时期，《管子·轻重乙》曰："一农之事必有一耜、一铫、一镰、一鎒、一椎、一铚，然后成为农。一车必有一斤、一锯、一釭、一钻、一凿、一銶、一轲，然后成为车。一女必有一刀、一锥、一箴、一鉥，然后成为女。"

齐国在春秋时期国力强盛，为第一霸主，与其发展冶铁技术是密不可分的。《管子·地数》曰："山上有赭者，其下有铁。山上有铅者，其下有银。"可见管仲对于铁矿已经有了细致的观察。《管子》中有："商山铁褐，下有铁，取而鼓之，国之基。"章鸿钊的《石雅》篇记载："籍盐铁之利以至富强。"可见当时管仲已经认识到了炼铁技术对于齐国发展的重要性。郭沫若先生也曾说过："齐桓公之所以能够划时代地成为五霸之首，在这儿可以找出它的物质根据。煮海为盐积累了资金，铸铁为耕具提高了农业生产。"

铁器的使用使农业快速发展，人们使用锋利的铁器砍伐森林、开垦土地，与之前使用的石制、木制和少量青铜制的工具相比，大大提高了效率，为人们提供了大量的粮食。农业的发展进一步促进了手工业和科技的发展，极大地推动了人类文明的发展。

通过创新，人类在渔猎和农耕时代站稳了脚跟，创造性地使用工具是人类在与大自然的竞争中得到的智慧。

1.2 蒸汽时代

几乎每个看过《哈利·波特》的人都梦想着有一天可以拿着猫头鹰送来的录取通知书，坐着蒸汽火车前往霍格沃茨学习魔法。可是你有没有想过如果没有第一次工业革命，小魔法师们去上学的场景就会是这样的：成群结队的马车行驶在泥泞的道路上，车上的小魔法师们来回颠簸，队伍后面的小魔法师们甚至还要忍受马的排泄物的异味，这样的场景可就没有那么美好了。所以说，第一次产业革命不仅仅对人类社会产生了深远的影响，对魔法师们来说也是如此。

1.2.1 工业化浪潮开始

第一次产业革命起源于1759年的英国。如果你有幸乘坐时光机回到当时的英国，你极有可能会生活在农村，因为当时的欧洲社会的城市人口只有一万人左右，绝大部分人口居住在农村。

穿越回去的你也许会分到三块土地，但是由于生产技术落后，每年只能耕种其中的两块，另外一块土地则处于休耕状态，以避免过度耕种造成土地贫瘠。所以，你的生活并不像电视中那些英国贵族一样富裕，甚至只能满足日常温饱，于是你选择进入城市。

第一次产业革命之前的城市主要是商人和手工业者的聚集地，商人通过售卖手工业者的商品来获取利益，手工业者则在家里通过手工制造衣服和日常用品来维持自己的生计。为了生活，你进入工厂工作，工厂大多依水而建，因为在蒸汽机没有被改良之前，工厂只能利用水力作为动力来进行生产。整个社会渴望新的发明创造，迫切需要生产效益率的整体提升。

1.2.2 第一次产业革命浪潮

1768 年的一天，格拉斯哥大学的一间实验室内，灯光有些昏暗，空气也有些潮湿。一位修理工终于完成了纽科门蒸汽机的改造，使其燃料消耗下降了一大半，并且更加可靠，操作也更加方便。又经过二十多年的研究和尝试，复式蒸汽机问世，这时的蒸汽机才在真正意义上可以做旋转运动，可以说是巨大的突破。相信很多读者已经想到，这位修理工人就是詹姆斯·瓦特。

瓦特改良的蒸汽机不再像纽科门蒸汽机那样只能用于采矿，还可以应用在各种工厂中作为动力来源，如纺织业、造纸业、运输业、食品业、冶金、机器制造等，而且工厂也不再受水车的束缚，可以建造在原材料供应、市场和交通更为便利的地方，大大提高了工厂的效率。

从数据中我们可以更加直观地感受到蒸汽机推动社会发展的力量。1800 年，英国共有蒸汽机 321 台，20 年后这一数量增加到 15000 台。在纺织行业，1813 年，英国动力织布机的数量是 2400 台；1829 年，增加到 5 万台；1833 年，更是增加到惊人的 10 万台。可以说，蒸汽机对于英国工业化的推动作用是巨大的。

交通运输业同样掀起了“运输革命”，马车逐渐被人们遗忘，取而代之的是更加廉价快捷的运河、公路、铁路等运输方式。1836 年，英国建造了 1600 多千米的新铁路，到 1855 年这一数字增加到 12960 千米。1761 年，英国建设了第一条国内的运河，由曼彻斯特到沃斯利；到 1842 年，英国运河里程已经达到 3960 千米。再加上修建的公路，当时的英国在几十年的时间里已经将国家的各个角落连接在了一起。也就是说你可以在当时乘坐火车游遍整个英国，这大大提高了商品的运输效率，同时也促进了人口由农村流向城市。

随着工业革命的发展，人们对于创新也更加重视。因为发明创造可以提高生产力以推动经济发展，更多的科学发明应用于实际生产。由于当时学校的数量很少且主要为贵族服务，所以科学家大多为贵族，底层的人只能跟着工人学习技术；现在则有许多工人阶级的子弟对科学产生了浓厚的兴趣，成为科学家。教育方式也从工业革命之前的学徒制变为之后的学校制，大量学校开始涌现，上学不再是贵族的特权。学习内容也有了很大的变化，当学徒时只能学习技术操作，去学校则可以学习技术原理，科学理论知识被越来越多的人所接受。

不仅仅是蒸汽机，其他各行各业的人都受到专利的刺激作用，开始创新和发明。例如，平版印刷、切削机床、锅炉以及铁路的发明都大大提高了生产效率。

1.2.3 世界格局巨变

在进行工业革命之前，英国只是欧洲的一个边缘小国，在欧洲没有任何发言权，只能采用与法国敌对的方式参与欧洲事务，可以说毫无存在感。但是工业革命彻底改变了这一局面。蒸汽机为纺织工厂提供了动力，蒸汽机驱动的纺纱机使生产效率提高了 40 倍。创新使英国的生产效率得到显著提升，提高了其商品在国际市场中的竞争力，这为英国带来了巨大的财富。

第一次工业革命期间积累的大量财富使英国的军事实力不断提高，特别是海军不断扩大，成为继西班牙、荷兰之后的第三大海军强国。英国于 1815 年击败了拿破仑的法兰西第一帝国。当时英国的军事实力只有俄罗斯帝国能与之抗衡，但是俄罗斯帝国的经济和科技水平远远落后于英国，英国一跃成为欧洲霸主。

由于生产力的提高，英国本土的原材料和市场已经不能够满足其需求。为了获取更多的资源和更广阔的市场，英国不断扩张其殖民地。此时也就出现了新帝国主义，即地球上大部分地区成为少数欧洲强国的附属，这些强国包括工业化后的英国、法国、西班牙等。这些强国在殖民地获取极为廉价的原材料和劳动力，经过加工之后再在这些殖民地高价出售，为继续扩张积累大量的资本。

英国当时的殖民地达到令人叹为观止的地步，遍布包括南极洲在内的七大洲和五大洋，英国的殖民地面积最多的时候达到本土面积的110倍，殖民地人口为英国人口的8倍。当时英国实际控制着地球上1/4的区域，领导国际局势100多年，成为名副其实的世界帝国。

英国在殖民的过程中也将工业带到了它的殖民地。殖民地的领导者也认识到了工业化的重要性，包括美国在内的多个国家纷纷推动了本地的工业化进程。可以说通过英国的传播，工业化遍及全世界。

经过第一次产业革命后，世界发生了翻天覆地的变化，人们用蒸汽机取代了天然动力，用机器代替了手工，生产力大大提高，这一时代也被称为“蒸汽时代”。

1.3 电力时代

如果说第一次产业革命把世界带入了“蒸汽时代”或“机器时代”，那么第二次产业革命则是把世界带入了“电气时代”“石油时代”或“钢铁时代”。

与第一次产业革命相比，第二次产业革命有着自己的特点和更广泛的影响力。首先，第二次产业革命的发展更加快速。我们知道，第一次产业革命首先在英国兴起并首先在英国结束，但实际上第一次产业革命持续的时间很长，也仅仅在欧洲的某些国家出现，而第二次产业革命则在欧洲、美国和日本几乎同时出现，许多国家甚至没有经过第一次产业革命就直接进入了第二次产业革命。其次，第一次产业革命主要是由技能娴熟的技术工人引领。例如，飞梭、珍妮纺纱机甚至蒸汽机的发明者都是技术工人，而第二次产业革命则是由掌握理论科学知识的科学家引领，如爱迪生、法拉第等人。第一次产业革命主要是纺织业等轻工业的兴起，第二次产业革命则是电力、石油、化工、汽车等重工业的兴起。最后，垄断产生。我们说第一次工业革命由机器生产代替了手工业制造，但当时的工厂规模都是很小的。第二次工业革命时期，资本家为了获取高额利润，建造了大规模的工厂以垄断市场。第二次工业革命的标志是电力和内燃机的发明与使用，在这一时期，社会生产力又一次大幅提高，世界格局被重新定义。

1.3.1 电力：点亮美好生活

电存在于现代社会，被应用于生活和生产中的方方面面，手机、电脑、Wi-Fi、电灯、各种仪器离开电就相当于废品一样，没有任何价值，也就是说现代生活中如果离开了电，我们几乎无法完成任何工作。例如，2003 年美加大停电事故，涉及美国密歇根州、俄亥俄州、纽约州、马萨诸塞州等八个州和加拿大的安大略省，受影响人数达 5000 万人。美林公司首席经济学家戴维·罗森伯格估计，整个事故的经济损失在 250 亿～ 300 亿美元，可见电对于现代生活的重要程度。

1820 年，汉斯·奥斯特在给学生们上课时发现，电流通过的导线接近指南针时，指南针的方向会发生偏转。经过几个月的努力研究，他确定载流导线可以在其周围产生磁场。受到奥斯特的启发，安德烈·马里·安培开始研究电生磁的数学方程，随后在 1826 年，安培发表论文阐述电流与其产生的磁场之间的关系，也就是安培定律。为了纪念两位科学家做出的贡献，磁场和电流的单位分别以奥斯特和安培命名。

汉斯·克里斯蒂安·奥斯特（Hans Christian Oersted，1777—1851年），丹麦物理学家、化学家

安德烈·玛丽·安培（Andre Marie Ampere，1775—1836年），法国物理学家

迈克尔·法拉第（Michael Faraday，1791—1867年），英国物理学家、化学家。1831年，法拉第发现了关于电力场的关键性突破，促进了人类文明

詹姆斯·克拉克·麦克斯韦（James Clerk Maxwell，1831—1879年），出生于苏格兰的爱丁堡，英国物理学家、数学家。经典电动力学的创始人，统计物理学的奠基人之一

1831年，迈克尔•法拉第在实验中发现，将一条导线通上电流时，另一条独立的导线中也产生了电流，随后他又进行实验，将一块磁铁放入导线线圈中，移动磁铁时导

线中也产生了电流，这就是电磁感应定律。他依据这个现象发明了一台发电机，即现代发电机的鼻祖。此后，詹姆斯・克拉克・麦克斯韦系统研究了电、磁、光之间的关系，他认为它们之间存在一种密切的联系。经过不懈的努力，麦克斯韦终于得出了一组方程，被称为麦克斯韦方程组，预言了电磁波的存在。

之后的时间里，电力得到了极为广泛的应用。1876 年 3 月 10 日，贝尔和他的同事成功地发明了世界上第一台可以通话的电话机。也许当时的贝尔并不会想到现在人手一部手机的场景，但他的发明确实改变了历史的进程。关于贝尔还有一件趣事，他是人类历史上第一个使用声音签名的人。在 1885 年的一次实验中，他把自己的声音录到一张音盘上。130 年后，人们又一次听到了亚历山大・格拉汉姆・贝尔的声音。

一位伟大的发明家和企业家——托马斯・阿尔瓦・爱迪生，最为我们熟知的就是他发明了电灯泡。1879 年，经过不断的试验，爱迪生终于研制出了可以连续使用多个小时的白炽灯，并取得了白炽灯的发明专利。爱迪生还是直流输电的开创者和支持者。1882 年，爱迪生在纽约珍珠街建立了第一座发电站，提供 110 伏特的直流电。此外，爱迪生还有其他 1000 多项专利，并创立了知名的通用电气公司。

托马斯·阿尔瓦·爱迪生（Thomas Alva Edison，1847—1931年），出生于美国俄亥俄州米兰镇，美国发明家、企业家。爱迪生是人类历史上第一个利用大量生产原则和电气工程研究的实验室来从事研究与发明专利而对世界产生重大深远影响的人

尼古拉·特斯拉（Nikola Tesla，1856—1943年），美国人，世界知名的发明家、物理学家、机械工程师和电机工程师

尼古拉·特斯拉认为交流输电更有优势，因为在直流输电的过程中电流会不断损失，导致输电距离有限且损耗很大，而交流输电则不存在这样的问题。他在匹兹堡建立了第一个交流电网，推动了电力的商业化，也可以说特斯拉奠定了现代社会的基础。作家罗伯特·拉莫斯甚至把他描述为创造出20世纪的人。为了纪念特斯拉所做的贡献，国际单位制中以特斯拉为名来描述磁感应强度。

电力的发现和应用为我们提供了一种新的能源方式，与蒸汽机相比，它应用方便，应用范围更广。可以说电奠定了我们现代生活的基础，现代人已经无法想象没有电的社会是什么样的。

1.3.2　内燃机：打开石油的“潘多拉盒子”

第一次产业革命期间，瓦特改良了蒸汽机，推动了社会的发展。与内燃机相比，蒸汽机属于外燃机，因为它的燃料在机器的外部。内燃机的原始形态是于 1670 年由惠更斯发明的，通过引燃气缸里的火药，靠气缸内的气体膨胀推动活塞的运动。经过多年的发展，1883 年，戈特利布·戴姆勒和威尔赫姆·迈巴赫发明了使用汽油的发动机，之后又成立了戴姆勒发动机公司。1893 年，鲁道夫·狄赛尔制造了世界上第一台柴油机原型。1903 年，埃吉迪乌斯·艾林制造了世界上第一台燃气涡轮发动机，因此他也被称为“燃气涡轮发动机之父”。

就像电力一样，发动机被制造出来以后，人们也在考虑如何将它应用在各种机器上，最能体现内燃机应用的例子就是汽车。现在的豪华轿车品牌梅赛德斯奔驰的创始人卡尔·本茨就是汽车的发明者之一。1886 年 1 月 29 日，卡尔·本茨为他的第一辆三轮汽车申请了专利，人们将这一天作为世界上第一辆汽车的诞生日。1906 年，本茨和他的两个儿子在拉登堡成立了本茨父子公司，1926 年和戴姆勒发动机公司合并，成立了现在世界上知名的戴姆勒 - 奔驰汽车公司。内燃机和汽车的发明弥补了交通工具的空白，马车正式退出历史舞台。汽车的历史如图 1-8 所示。

图1-8　汽车的历史

由于内燃机的大规模应用，人们也意识到作为内燃机动力来源的石油的重要性。1870 年，约翰·戴维森·洛克菲勒在美国创立了标准石油公司，一手把控了美国的能源命脉。在全盛时期，标准石油公司垄断了美国 90% 以上的石油市场，这也是垄断组织的雏形。石油产业的兴盛如图 1-9 所示。

图1-9　石油产业的兴盛

凭借着标准石油公司在美国的垄断，洛克菲勒的财富值曾达到美国 GDP 的 2.4%，成为历史上第一位身价过亿的富豪，也是世界上公认的第一位首富。之后，由于“反垄断法”的出台，标准石油公司被拆分为许多子公司，其继任公司埃克森美孚现在仍然是美国的第二大企业。

在这一阶段，越来越多的铁路延伸到世界各地，继而带动了钢铁冶炼技术和钢铁产业的发展。1901 年，摩根建立了世界上第一个 10 亿美元的公司——美国钢铁公司。至此，人类由“纺织时代”进入了“钢铁时代”，由“蒸汽时代”进入了“电气时代”，重工业取代轻工业在世界上占据了主导地位，交通运输领域也正式进入了火车和轮船的时代。

重工业的发展使人们的生活更加便利，人们可以坐着火车和轮船去往世界各地，人们的工作也更有效率。但是煤炭和石油的大量使用也造成了一些不可挽回的危害。1952 年冬天，伦敦天气越来越冷，大家纷纷采用煤炭取暖。由于煤炭燃烧产生的大量烟雾和颗粒无法及时扩散，再加上火力发电站和内燃机汽车排出的废气，伦敦发生了几次空气污染事件，但是造成的影响比较轻微，也就没有引起人们的过分关注。直到 12 月 5 日那一天早上，许多人觉得嗓子剧烈疼痛且呼吸困难，不得不从睡梦中醒来。人们出门一看，天空中弥漫着黑色的烟雾，太阳的光线无法透过烟雾照射到大地上，即使到了中午天空也像傍晚一样灰暗。人们无法呼吸，许多人因此心脏病发作，支气管炎和肺炎患者更是数不胜数，此时伦敦的医院比集市还要热闹。雾霾天气一共持续了5天左右。据统计，由于空气污染事件导致直接死亡的人数多达4000人，之后数月内又有8000人左右死亡，总计死亡人数12000余人，呼吸道疾病患者更是多达10万人以上。

习近平总书记强调：绿水青山就是金山银山。身体是革命的本钱，同样，地球也是我们人类发展的本钱。我们现在通过透支地球资源来获取短暂发展的方式并不可取，也许雾霾只是大自然对人类小小的警告，如果不加以控制，更严重的自然灾害会更加频发，到那时候再采取措施或许无济于事。所以，为了我们的后代能够继续生活在这个蓝色星球上，我们从现在起要合理利用资源，以实现可持续发展。

1.3.3 第二次产业革命与世界格局：帝国的形成

英国完成第一次产业革命之后成为欧洲乃至世界的领导者，经济和军事力量无比强大。随后，第二次产业革命也首先出现于英国并迅速发展，看起来英国将要继续领导世界。不过德国和美国后来居上，取代英国占据了世界发展的前列。

1870年9月2日，法国在普法战争中战败投降。1871年1月18日，普鲁士国王威廉一世在法国凡尔赛宫加冕为皇帝，成立德意志帝国。德国没有赶上第一次产业革命，而是通过后来不断从英国引进先进的技术和机器进行学习与改造，慢慢走上了工业化的道路。所以，德国在第二次产业革命之前积累了足够的科学技术和知识，使其在第二次产业革命时几乎和英国一起开始。而且，德国的产业革命并没有十分明显的界限，两次产业革命是交叉进行的，这使德国可以选择发展那些更为先进的技术，德国也因此出现了跳跃式的发展，工业化程度大幅提高。

第二次产业革命期间，大量新的科学技术出现在德国。1866 年，德国工程师发明了直流发电机，标志着德国进入了“电气时代”。从此，发电机、输电技术、电动机等一系列以电为中心的科学技术在德国快速发展。之前也说过，第一台内燃机和柴油机也是在德国制造出来的，内燃机的发明和应用使德国出现了一批制造汽车、飞机和拖拉机的新兴行业。这些技术也带动了德国机械制造业和冶金业的蓬勃发展。不仅在物理和机械方面，德国当时的化学工业也处于世界领先地位。

德国领先的科学技术不仅存在于理论层面，而且应用到了实际生产中。德国当时的工业生产无一不受新科学技术的影响。例如，享誉世界的戴姆勒汽车公司，以及巴斯夫、拜耳和赫斯特公司——这三家公司几乎供应着全球 80% 的

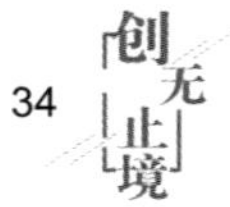

染料。科学技术的发展大大推动了德国重工业的进步，使德国在这个时期积累了大量的资本。

同时，在大西洋的另一岸，美国也正在强势崛起。

之前我们提到，爱迪生建造了第一座火力发电站，提供直流输电业务。由于直流输电的各种弊端，科学家们开始研究交流输电技术。到 1892 年，美国的交流发电站已经超过 500 座。之后，电动机、灯泡、电话的发明继续刺激着美国电气行业的发展。1902 年，美国白炽灯的数量达到 1800 万个；1914 年，美国电话机的数量达到 1000 万台。总之，美国以十分快的速度完成了从蒸汽到电气的转变。1924 年，美国消耗的电力大约相当于世界其他国家和地区的总和。

在理论科学的指导下，美国的第二次产业革命发展十分迅速，特别是重工业。1925 年之后，美国国内的重工业比重逐渐超过轻工业，这标志着美国重工业化基本完成。19 世纪后期，美国已经取代英国成为世界第一的工业国家。1913 年，美国的工业产量已经达到全世界的 1/3 以上，超过英国、德国、法国、日本工业产量的总和。

1.4 信息时代

第一次产业革命，人们学会了利用自然能源代替人力资源，第二次产业革命进一步使自然资源按人类的意愿使用。两次产业革命时期人类的发展速度已经超过了以前几千年的发展速度，导致世界上产生了巨大的贫富差距，出现了像英国这样能够统治世界的帝国。可以看出，每次产业革命伴随的都是能源的革命，也可以说是能源推动了产业革命。时间的车轮进一步向前走，来到20世纪，人们发现了更为强大的能源——原子能，它的出现在能源层面彻底改变了原有格局。这一时期还出现了电子计算机和航天技术以及其他高新技术，逐渐成为现代社会的重要基石，这一时期就是第三次产业革命。

1.4.1　原子能：能源新革命

1938年，德国科学家已经发现了核裂变的现象，并且多数科学家认为利用这一原理可以制造出威力巨大的武器。1939年，德国入侵波兰，随后英国和法国向德国宣战，标志着第二次世界大战爆发。同年，德国开始原子弹的研制工作。到了1941年，战场上的局势发生了变化，德国不得已将大部分资源用于制造坦克和飞机，从而大大延缓了原子弹的研制工作，并且得出“三年内无法将原子弹实用化”的结论。与此同时，日本也开启了研制原子弹的工作，但是受限于国内没有足够的铀可供研究，研制原子弹的项目也一直没有成功。

1941 年，日本轰炸美国的珍珠港，加速了美国研制原子弹的进程。1942 年，美国正式开始研制原子弹项目“曼哈顿计划”。1945 年 7 月 16 日，随着一声巨响，硕大的蘑菇云冲上 12 千米的高空，数千米范围内比白天还要明亮，人类第一颗原子弹爆炸成功。这次核爆试验被称为“三位一体核试”，被认为是第三次产业革命的开端。从开始研发到成功试验，美国一共花了 6 年时间，75 万名工作人员参与，消耗资金达 20 亿美元。美国此次实验一共制造了三颗原子弹。

1945 年 8 月 6 日，保罗・提贝兹驾驶 B-29 轰炸机，在日本广岛市上空投下“小男孩”原子弹；三天后，查尔斯・斯维尼将“胖子”原子弹投放在日本长崎。两次爆炸造成日本 14 万人直接死亡，这无疑是人类历史上的黑暗时刻。但是这两颗原子弹的爆炸也在提醒日本继续战争是没有意义的，甚至会使日本从地球上消失。原子弹爆炸后的第六天，日本宣布无条件投降，并于 1945 年 9 月 2 日正式签署投降书，宣告第二次世界大战结束，避免了对世界人民造成更严重的灾难。

原子能所释放的能量要比化学反应大 5000 万倍。例如，铀核裂变所释放的能量为 2×10^8 电子伏特，而相同的碳燃烧所释放的能量仅为 4.1 电子伏特。原子能强大的能量如图 1-10 所示。如果仅仅用于军事则是巨大的浪费，我们需要利用它造福全人类。地球资源是有限的，石油和煤炭资源已经不能满足人类未来的发展要求。因此，利用极具潜力的原子能（又称“核能”）发电的核电站被越来越多的国家所重视。

图1-10　原子弹爆炸

能源是人类生存的根本，每次产业革命都有能源方面的巨大进步：第一次产业革命使用化石能源的蒸汽机代替了使用自然资源的水车和人力；第二次产业革命，内燃机的出现大大刺激了石油行业的发展；第三次产业革命出现的原子能是第一种人造能源，其意义无疑是划时代的。我们也可以说，人类每次在能源使用方面的进步都推动了产业革命。

1.4.2　电子计算机：人脑的延伸

每次产业革命除了在使用能源方面的进步之外，还伴随着新型机器的出现；新型机器取代了部分人力，提高了工业生产力。例如，第一次和第二次产业革命期间出现的蒸汽机取代了人力，而后出现的内燃机取代了蒸汽机；在第三次工业革命期间出现的新型机器又取代了部分人力，不过与之前两次相比，不同的是这次出现的机器是取代部分人力来进行脑力计算，而不是体力劳动，这种机器就是电子计算机。

1914 年出现的阿塔纳索夫·贝瑞电子计算机是第一台真正意义上的电子计算机，它使用了二进制数值和真空管计数器，但它仅仅被设计为求解线性方程组。第二台真正意义上的电子计算机是 ENIAC（Electronic Numerical Integrator And Computer），它也是真正被我们所熟知的电子计算机。ENIAC 的诞生还要归功于第二次世界大战，当时同盟国和轴心国都在研发作战效率更高的武器，这需要大量的计算。据记载，“二战”期间美国进行弹道研究的弹道研究实验室每天需要计算出 6 张射表，而即使 200 个计算员同时计算一张射表也需要两个月的时间才能完成，显然人力计算是不能满足战时需要的，研制出一台高性能电子计算机就被提上日程。

1943年，美国陆军正式立项开始研制高性能电子计算机，并将这一项目交由宾夕法尼亚大学的摩尔电气工程学院来完成。1946年2月14日，研制成功的机器正式亮相，简称为ENIAC。ENIAC包括17468根真空管，7200根晶体二极管，1500个中转和10000个电容器，重达30英吨，可谓一个庞然大物。ENIAC耗电量巨大，可达150千瓦，有传言称：每当ENIAC启动时，费城的电灯都变暗了。不过它在计算效率方面的提升同样是巨大的，它每秒可以进行5000次加法或400次乘法运算，是之前计算器运算速度的1000倍，是人工计算速度的20万倍。后来，开发人员连同冯·诺依曼又对ENIAC进行了改造，并最终呈现出当今所有电子计算机的基础结构——程序储存体系结构，也被称为“冯·诺依曼结构”。

由于ENIAC使用的真空管的稳定性并不好，所以在ENIAC工作期间差不多有一半的时间处于故障状态。像ENIAC这样使用真空管制造的电子计算机被称为第一代电子计算机，也被称为真空管电子计算机。为了开发出更为稳定、计算速度更快、体积更小、耗电量更小的电子计算机，1958年，英特尔创始人之一罗伯特·诺伊斯率领团队研发出了集成电路，运用集成电路制造的电子计算机被称为第二代电子计算机。20世纪60年代后出现的晶体管体积更小、速度更快、性能更加可靠，最重要的是晶体管的出现可以使电子计算机商业化，加速了电子计算机的发展，20 世纪 60 年代到 70 年代的电子计算机也被称为第三代电子计算机。20 世纪 70 年代，随着制造技术的提高，大规模集成电路成为可能，使电子计算机的计算速度又有了质的飞跃，这一时期的电子计算机被称为第四代电子计算机。之后，电子计算机进入了飞速发展的时期。

1971 年，英特尔公司推出全球第一款微处理器 Intel 4004；1972 年，英特尔公司又推出了 8008 微处理器，此款微处理器的计算能力大幅提高；1974 年，MITS 发布了全球第一款个人商用电子计算机 Altair 8800；1976 年，第一台商用超级电子计算机发布，命名为 Cray 1，它集成了 20 万个晶体管，每秒可以进行 1.5 亿次浮点运算。苹果公司于 1976 年推出 AppleⅠ，1977 年推出 AppleⅡ。微软于 1981 年发布了 DOS 系统，又于 1985 年发布了 Windows 系统，也就是我们现在大部分电脑系统使用的原型。电子计算机的变迁如图 1-11 所示。

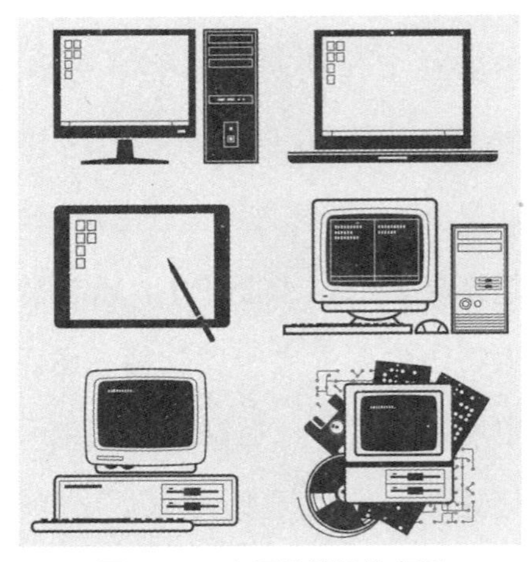

图1-11　电子计算机的变迁

在电子计算机的处理能力快速发展的时期，1965 年，英特尔的另一位创始人戈登·摩尔提出：集成电路上可容纳的晶体管数目约每两年增加一倍。也就是说每隔两年，处理器的计算能力会提高一倍，这也就是我们现在所说的摩尔定律。虽然我们称之为定律，但它只是基于经验的推测，而不是一个物理上的规律，也就是说，它并不能够完全预测今后处理器的速度。即便如此，自 1965 年以来这一规律仍然适用，只是最近其速度有所放缓。据预测，今后每三年集成电路上可以容纳的晶体管数目可增加一倍，持续到 2020 年左右。

发展到现在，电子计算机已经被应用到信息处理、科学计算、过程控制、电子计算机辅助系统、通信、人工智能等方面。相较于初期的电子计算机，现在的电子计算机的运行速度也有了巨大的提高。例如，2016 年，我国研制成功的“神威·太湖之光”超级电子计算机浮点运算速度达到 12.5 亿亿次每秒；2018 年，美国能源部研发的“高峰”超级电子计算机的浮点运算速度更是达到 20 亿亿次每秒。电子计算机的出现大幅提高了我们的工作效率，减少了我们大部分的脑力劳动，可以让我们去思考其他更有意义的事情，并且使整个世界连接在一起，信息的传播速度更快，让地球变成了“地球村”，因此这一时代也被称为“信息时代”。

1.4.3 航天技术：飞向太空

第二次世界大战结束后形成了两极格局，即出现了两个超级大国：美国和苏联。为了争夺世界霸权，这两个国家开始了它们之间的竞争。其中，太空战略竞争是极其重要的一个方面。

美国首先在缴获的德国 V-2 火箭的基础上开始研究大推力火箭推进器，并于 1949 年成功研制出“海盗”号探空火箭。不过相较于美国，苏联此时的研究速度更快。1957 年 10 月 4 日，苏联发射了世界上第一颗人造卫星“斯普特尼克一号”，之后美国于 1958 年发射了第一颗人造卫星“探险者一号”。1961 年 4 月 12 日，苏联航天员加加林乘坐“东方一号”宇宙飞船顺利升空，并且在地球轨道绕地球飞行一周后安全返回，成为世界上进行宇宙飞行的第一人，实现了人类进入太空的梦想。

受到苏联研究进展的激发，美国觉得仅仅将人送入地球轨道并不能够展示出美国的强大。1961 年，美国正式开启了登月计划——阿波罗计划。经过 8 年的研究和大量的实验后，1969 年，“阿波罗 11 号”飞船完成了美国人的梦想，阿姆斯特朗也成为人类历史上第一位登上月球的人。阿波罗计划一直持续到 1972 年才结束，这期间一共耗费资金 240 亿美元，相当于现在的 1070 亿美元，可谓相当惊人，但这次计划揭示了月球表面的物质化学成分，并且探测了月球的重力、磁场等参数，为人类研究月球提供了宝贵的数据。值得一提的是，经过 40 多年的发展，也只有“阿波罗 11 号”飞船载着人类驶离了地球轨道。

美国登月成功后，苏联转而研究空间站来展示自己的航天实力。1971 年，苏联发射“礼炮一号”，将人类首个空间站送上太空；随后，1973 年美国将“天空实验室”空间站送上太空，并且携带了许多科研仪器以满足科学家们的实验需要；1986 年，苏联再次发射“和平号”空间站，并且一直服役到 2001 年。1998 年，多个国家联合研究的国际空间站发射升空；直到今天，国际空间站上每次都保持着至少 3 名成员。

除了美国和苏联之外，其他各个国家也都投入航天工程的研究。1965 年 11 月，法国发射了自己的第一颗人造卫星“阿斯泰里克斯”；1970 年 2 月，日本发射了自己的第一颗人造卫星“大隅号”；1970 年 4 月，我国发射了自己的第一颗人造卫星“东方红一号”；1971 年 10 月，英国发射了自己的第一颗人造卫星“普罗斯帕罗”。之后，印度、以色列、朝鲜、印度、韩国等国家也发射了自己的人造卫星，分别具有了独立发射卫星的能力。

我国的航天能力一直处于世界前列，从我国第一颗人造卫星升空以来，我国已经成功发射了上百颗自主研发的卫星。1999 年，我国第一艘无人试验飞船“神舟一号”飞船在酒泉起飞，圆满完成了“处女之行”。经过四年的不断探索和努力，2003 年，杨利伟乘坐“神舟五号”承载着中国人的梦想升空。直到今天，我国已经将 11 名航天员送入太空，并且我国也已经开始了探月工程，于 2007 年成功发射了探月卫星“嫦娥一号”，2018 年 12 月 8 日成功发射了“嫦娥四号”，标志着我国距离探月的梦想越来越近。

人类的未来不仅在地球上，还在广袤无垠的宇宙中。地球只是宇宙中的一粒“沙子”，地球之外有着无穷无尽的知识与能源等待人类去发现。航天技术的发展使人类的目光不再局限于地球而望向太空，使人类探索太空成为可能。探索太空如图 1-12 所示。

图1-12　探索太空

原子能、电子计算机和航天技术的发展仅仅是第三次产业革命的代表，除此之外，大量新技术的出现和蓬勃发展也是这一时期的特点。可以说，创新达到了空前的高度。例如，高分子工业、新型材料制造业、半导体制造业、生物工程等新技术不断涌现，使人类的日常生活发生了巨大的变化。

从人类的发展来看，文明产生前50万年的变化不如文明产生后5000年的变化大，而这5000年的变化又不如这300年工业革命的变化大。到了近代，创新的数量和质量变化之快令人惊叹，这对于发展中国家来说既是机遇也是挑战。

第二章　信息技术打开新时代创新“风口”

想出办法的人在他的办法没有成功之前，人们总说他是异想天开。

——马克·吐温

产业革命几百年的新成果已经远远超过了以往人类几千年的发展程度，创新不仅是单纯的企业和个人行为，更是直接上升为国家层面，成为各国提升综合国力的不二法门。如今，第四次产业革命已经到来，全球新一轮科技革命和产业变革蓄势待发，多数国家已经推出振兴制造业的战略或计划。对于整体还处于工业化中后期的中国而言，在全球新一轮科技革命和产业变革孕育发展的背景下，经济发展将面临新的重大机遇和挑战。以云计算、大数据、物联网、人工智能为代表的新一代信息技术，在新世纪迅猛腾飞，这将成为新一轮科技革命和产业变革的引领技术。发展和强化新一代信息技术，是新时代的创新“风口”，更是国家“创新驱动发展”战略稳步推行的必经之路。

2.1　万物互联：互联数字化的创新资源

2.1.1　数字互联：物理世界和网络空间的互通

正在值更的哨兵看到远处一阵狼烟直冲云天，心中猛地一惊，赶紧招呼其他哨兵：“戎兵来犯，赶快点燃烽火！”就这样，千百里之外的敌情很快就可以传递给每位守卫将领，以便做好充足的应对准备。这就是烽火台，古代用来传递重要信息的高台，虽然不及现在的通信发达，但是在古代确实是一个十分有效的信息传递方式。烽火台早在商朝就已经出现，可以看出信息的传递在任何时期都是极为重要的，烽火台也许就是最早的“物联网”。

当今世界，人们已经不需要通过烽火台来传递信息了，但是如今的通信技术仍然不能满足时代发展的需求。现代人们所需要的是所有物品都能够无障碍地进行信息传递，也就是“万物互联”（IoE：Internet of Everything）。如今信息通信技术的不断进步，云计算、大数据、物联网等先进技术的出现，使世界进入“万物互联”时代成为可能。Gartner 调查显示，2017 年全球有 84 亿台物联网产品正在使用，比2016年增长31%，预计到2020年将达到204亿台。到2020年，物联网预计将产生惊人的经济影响力，其市场规模高达8.9万亿美元。物联网的应用场景如图2-1所示。

图2-1　物联网的应用场景

2.1.2　数字资源：下一个战略高地

产业的巨大前景，让所有人都对物联网的发展充满了信心和期待。而真正让我们感到兴奋的是物联网的发展将加速全球数字化转型：一方面，数字化转型的核心是实现智能制造，在转型产品服务、优化业务运营、提升员工效率、密切客户沟通等方面建立完整的智能系统，而物联网恰恰是这一切得以实现的基础；另一方面，万物互联导致井喷式的数据增长，驱动与之相关的云计算、大数据、人工智能等技术不断向前发展，又进一步促进了数字化转型的步伐。可以想象，物联网所创造的数字化未来必然会像互联网一样成为经济社会的基础设施和标准配备，数据就是数字经济时代的“水和电”。

毫无疑问，以互联网、云计算、大数据、物联网和人工智能为代表的数字技术已成为第四次产业革命的重要驱动因素，数字技术正向人类生活的各个领域全面推进与渗透，一切皆可数字化连接与呈现，一切皆可数字化重新定义。数字化将改变产业，使传统企业与传统产业不再传统，使低端企业与产业不再低端，将传统企业或产业转型为高科技引领、高智能运营、高素质人才驱动的新型三高企业或产业。数字化与数字经济为全球经济活动赋予巨大能量，为中国企业的战略成长提供了全新的发展机遇与发展空间。未来中国经济的新增长点与新动能是数字化。数字化转型对中国企业而言。不仅是一道战略选择题，更是一道生存题。

物联网的核心是实现数字化，而数字化正是实现“中国制造2025”的基础。中国企业也已经着手物联网的发展，例如，小天鹅股份有限公司是一家已经创建40多年的企业，也遇到过创新的困境，如今它成功搭上了物联网的班车，在2016年3月推出了主要针对高校洗衣房、酒店式公寓的“U净”自助洗衣平台：想要洗衣服时只需发一条微信远程预约；开机前5分钟自动开启自洁模式；衣服洗好前提前通知取衣；洗涤剂、消毒剂余量随时反馈到企业大数据平台……这一结合了智能洗衣机与物联网技术的洗衣平台——“U净”洗衣已经遍布全国各地，覆盖北京大学、同济大学、哈尔滨工业大学等700余所高校和酒店、公寓，现服务超过300万高校用户，取得了巨大的成功。与物联网结缘让小天鹅在数字化管理与产品研发上取得了双重突破。这样的案例能促进与之有着相似经历的传统制造业企业实现变革发展。

2.2 数据驱动：驱动创新要素优化配置

2.2.1 数据爆炸

随着互联网的发展，人类产生的数据量正呈指数级增长。预计到2020年，全世界所产生的数据量将是2009年的44倍。另外，随着传感网、物联网、社交网络等技术的迅猛发展，数据规模呈爆发式增长。各种视频监控、检测设备也源源不断地产生大量的流媒体数据。能源、交通、医疗卫生、金融、零售业等各行业也有大量的数据不断产生。大量数据的产生使人类进入了大数据时代，这些数据也成为信息社会的宝贵财富，如图2-2所示。按照来源，数据可以分为两类：一类是人类生活轨迹产生的数据；另一类是工业机器自动产生的数据。这两类数据构成了今天多结构化的数据源。

大数据是信息技术革命的创新，是时代发展的趋势，大数据对于行业的发展也越来越重要。掌握核心数据，不仅可以进行智能化的决策，还可以在竞争激烈的行业中脱颖而出，所以对大数据的战略布局引起了越来越多的企业的重视，使它们重新定义了自己在行业中的核心竞争力。

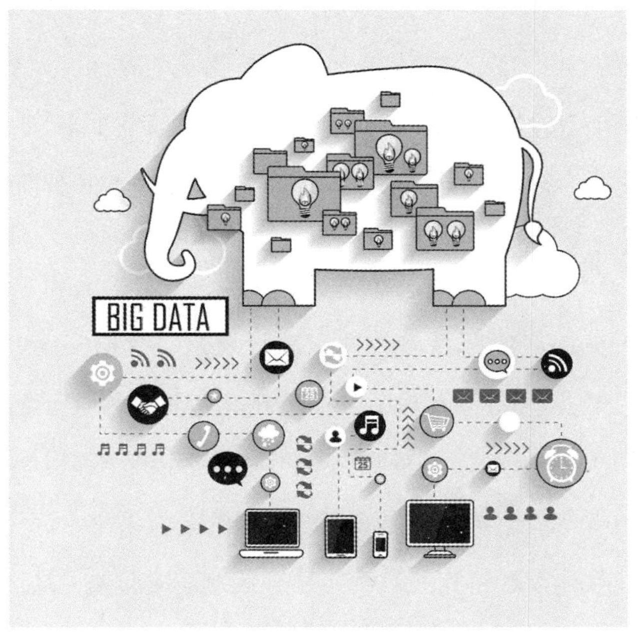

图2-2　数据概念说明

2.2.2　数据驱动创新要素的配置

数据的开放、共享甚至交易与流通，是信息化时代一个至关重要的核心元素。假想处于这样一个“潘多拉星球”中：它通过数据信息的交流和共享来维持星球的运转；星球的生态体系可以时刻对所有个体的信息进行汇集，个体则通过生态网络进行信息的共享与交流；同时生态系统根据汇集的个体信息数据不断进化，这是大规模协作和协同发展的基础，也是整个生态保持发展的基础。这个虚拟的星球正是如今现实世界中万物互联时代的映射，网络汇集的海量数据逐渐成为互联网新经济形式下的驱动力。万物互联时代以大数据为基础，驱动全球数以千万计的网商平台、商业生态等对创新要素进行合理的调配，实现社会资源的精准投放和智能管理。

创新产业发展模式

大数据产业链涵盖数据标准与规范、数据安全、数据采集、数据存储与管理、数据分析与挖掘、数据运行维护及应用等多个环节，覆盖数据从产生到应用的全部生命周期。在大数据产业链中，可以实现对数据的全面采集、深度分析和系统优化，并将相关数据终端有效地连接起来，从而打破产业类别与信息服务之间的壁垒，重构产业发展模式。

促进关联产业集聚

大数据产业的优势不仅仅在于对庞大数据信息的专业化处理，更在于通过云计算、分布式处理、存储和感知等技术的运用，促进和提升相关产品的制造能力，攻克关键核心技术，并在数据获取与应用层面形成产业集聚效应。例如，辽宁省沈阳市依托应用大数据产业技术的龙头企业，构建以东网超算中心为核心、辐射“东软医疗云”“华为智能制造云”“浪潮城市云”等云端数据平台的大数据产业体系，通过建设大数据发展核心区，建立数据交易流通机制和规范标准体系，在医疗、商业、城市服务等领域实现数据流通和产业体系内各部门信息互通，在核心企业周围形成产业集群，显著提升了经济发展的规模效应。

助推区域经济增长

大数据产业能克服自然资源禀赋等方面的制约，形成新的经济增长点，带动区域经济实现跨越式发展。例如，四川省崇州市抓住大数据产业的发展契机，出台了一系列惠及大数据的产业发展政策，促进了云计算、物联网、大数据应用等创新产业的跨越式发展，并推动大数据、电子信息产品制造、电子商务、服务外包等关联产业的协同发展。凭借显著的技术理念优势，崇州市成为四川省重要的大数据创新基地和区域经济突破式发展的新引擎。

促进经济社会可持续发展

大数据的应用有助于推动环保、节能、绿色产业发展，促进环境保护和经济社会可持续发展。首先，利用大数据可以对环境进行立体监测，通过数据模拟技术、排放清单等工具，建立环保大数据系统，提高环境监测数据的可靠性，夯实数据应用基础。其次，利用大数据可以对污染物排放集中、能源消耗大的产业进行精准治理，从而优化产业结构，提高资源的利用效率。最后，大数据所具有的多元化、交互性特征可以为经济决策提供科学依据，有利于促进经济发展、改善民生与保护生态环境，让人民群众更好地共享经济社会的发展成果。

目前，我国大数据产业生态系统日趋完善，大数据技术、交易、开放共享、工业大数据等产业链纵向发展逐步延伸，重点区域产业布局有效推进。据权威数据预测，到2020年，全球的数据总量将达到44万亿GB，其中工业大数据的占比将达到6.64%，而我国的数据量将占全球数据总量的20%，成为世界第一大数据资源大国。那时我国大数据的市场规模将会达到8000亿元，成为全球的数据中心。

要注意的是，大数据时代强调的不仅是“大”，更是“活”，即一个数据是否有价值的主要判断标准是这个数据是否被活用。显然，要让数据产生最大化的价值，开放与共享是最佳的途径。信息使用的边际收益是递增的，信息流动和分享的范围越大，创造的价值就越高，而线上、线下数据化和数据开放正是信息大范围流动的两大前提。推动数据开放和流动在发达国家已形成共识，美国和欧洲的多个国家通过国家战略为数据开放进行背书。自从“互联网+”上升为我国国家战略后，中央不断加大力度推动数据开放，在地方政府和产业界的带动下，部分地区已经做了诸多有益的尝试。

同时，我们关注到“活”的数据往往是在线的，未来的商业数据是自然记录下来的，而不再是一个“收集”的概念。在线的数据才能实现实时处理，才能支撑互联网上每秒数以万计的交易。例如，用户在淘宝上浏览和购物的记录被实时地记录下来，系统将信息与商品进行匹配，为用户推荐其心仪的物品。同时，淘宝商家也可以根据用户数据优化自己的商品；而淘宝商家的行为也会被记录下来，实时传递给厂家，从而及时调整生产，如图 2-3 所示。

图2-3　购物数据

可以预见，随着互联网技术的发展，我们距离万物互联的时代越来越近。在这个时代，分布式网络特性将更加凸显：点对点的影响通过网络形成了非线性因果关系，没有强制性的中心控制，次级单位具有自治性质，次级单位之间彼此高度连接。以此为基础，在如今的创新模式中，点对点的创新要素分配将会得到最大限度的发展，大数据不断挖掘社会的创新潜力，对创新要素的配置进行更为精准的驱动。

2.3 软件定义：定义创新创业运行规则

当你早晨起床打开手机查看今天的天气情况或浏览新闻时，你会不会想到你每天都会用到的软件是从什么时候开始出现的？“软件”这个词出现于20世纪60年代，我们知道，那时电子计算机已经问世20年了，在那之前电子计算机的功能都是通过程序来实现的，也就是机器语言和汇编语言。之后为了获得更高的工作效率，融合程序和文档的软件应运而生，并且作为独立的产品从硬件中分离出来。20世纪80年代Windows操作系统的出现，标志着软件成为独立的产业。然后互联网和软件结合在一起，相互推动发展，使软件进入了一个新的阶段，即网络化和服务化阶段，软件因此渗透到人们生活和工作的方方面面。

21 世纪，软件进入了飞速发展的时期。2008 年全球发生金融危机，世界上绝大多数产业都面临负增长的情况，而软件行业依然保持强劲的增长势头。根据我国工业和信息化部发布的数据，从 2013 年到 2018 年，软件和信息行业一直保持着较高的增长率。软件行业在国家经济层面也扮演着举足轻重的角色，世界上有十几个国家软件的支出超过了国内生产总值的 0.5%，其中美国更是超过了 1%。软件行业从业者的数量巨大，2014 年全球从事软件行业的人数就已经达到 2900 万，这几年软件行业的从业人数依然保持着增长势头。可见，软件已经是现在经济发展中重要的一部分，不仅如此，其对于世界经济的发展也起到了很大的推动作用。

2019 年 3 月 14 日，谷歌宣布其公司一名女性工程师岩尾历时四个月，通过云计算成功地将圆周率计算到 3.14 之后的 31.4 万亿个数字。由于圆周率在航空航天、工程制造、轨道交通等方面具有十分重要的作用，所以这一成果对于科学的发展具有很重要的意义。而在此之前人们都是通过超级电子计算机的超强计算能力来计算圆周率的，这次云计算取得的成功恰恰证明了软件在数据运算中的重要地位。

目前，世界上制造硬件的能力在不断突破，硬件产品的性能在不断攀升，这当然是一件十分可喜的事情，但是目前存在的一大问题是如何通过合理的软件运算使硬件得到合理的应用，如何使硬件的能力实现最大化。最好的一个例子就是目前极为火热的无人驾驶技术。无人驾驶技术是利用装配在车身上的摄像头、红外传感器、雷达等传感器收集车辆周围的环境信息，然后通过软件处理得到最优的行驶方案，从而达到不需要人为操控就可以自动驾驶的目的。无人驾驶技术如图 2-4 所示。现在，发展无人驾驶技术的除了传统厂商宝马、福特等之外，一些科技公司也加入了它们的行列，如百度、谷歌、特斯拉等。在互联互通的今天，各个厂商所用的硬件设施几乎一样，所不同的是如何处理硬件收集到的数据，从而得到最优的结果，也就是说软件决定了无人驾驶的未来，也同样决定了这些厂商未来的生死存亡。

图2-4　无人驾驶技术

2013 年 4 月，在德国汉诺威工业博览会上，德国总理默克尔提出了“工业 4.0”的概念。“工业 4.0”是基于 CPS（赛博物理系统)的工业革命。CPS是指虚拟与实体互联,用“虚”控制“实”,虚实融合;“实”当然指的是硬件,而“虚”指的就是软件。所以,为了“工业4.0”中“无人工厂”的实现,物理对象的数字化、虚拟化只能依靠软件侧来实现,而不是实体侧。以前,工业中的自动化靠硬件来实现,现在都是靠数字化、软件来实现。例如,西门子公司的安贝格电子制造工厂被称为世界上最先进的制造工厂,它的核心是基于数据分享的合作平台 Team Center,实质是 PLM、MES、TIA 三位一体的工厂解决方案,也就是利用软件来合理地管理硬件,使工厂的效率达到最高。无人工厂设想如图 2-5 所示。

图2-5 无人工厂设想

2015 年的 Gartner 战略报告中出现了“SDN”一词,也就是“软件定义网络”。这是“软件定义网络”第一次出现，之后这一概念被广泛应用和发展。软件定义网络是指利用应用程序编程接口（API）对网络内的硬件进行编程操作，从而形成新的网络结构，实现对网络内的硬件进行操控的目的。软件定义网络是一个革命性的创造，它解决了以往网络中存在的许多问题，如对硬件操控的灵活性低、网络反馈缓慢、网络中硬件虚拟化程度较低、维护成本高等。SDN 的出现可以使网络的虚拟化程度更高，让网络中的所有设备可以通过一个软件整合在一起，实现网络中设备操控的简单化，使网络的应用和控制具备更高的灵活性；而且 SDN 可以极大地减少人们对网络的干预，减少网络运行过程中的错误和故障，大大降低网络的维护成本。

在电子计算机领域，从“软件定义函数”“软件定义硬件”发展到“软件定义网络”等；在制造业信息化领域，从“软件定义图纸”“软件定义三维模型”“软件定义流程”发展到“软件定义样机”等；在智能制造领域，从“软件定义机器”“软件定义装备”发展到“软件定义制造”等。当前，“软件定义世界”成为工业 OT 技术与信息 IT 技术融合的新趋势，对于推动制造资源数字化、网络化、智能化发挥了引领作用，也为新兴的信息物理系统在技术上创造了条件。

在万物互联的今天，“互联网中的一切皆可编程”是我们目前追求的目标：向下将“人、机、物”融合环境的网络资源、存储资源、数据资源、计算资源、传感资源等海量异构资源连接起来实现万物互联，向上通过编程提供社会计算、移动计算、云计算、工业互联网、物联网等众多应用模式，在此基础上支撑大数据、人工智能应用、共享经济、智能制造等新应用、新模式、新业态，也就是说我们目前的机遇是软件定义一切。我们看到软件定义不断泛化和延伸，我们要用软件定义我们的物理世界，再进入我们的城市、我们的行业、我们的校园，从单一的资源管控到“人、机、物”融合环境下对各种资源全方位的互联互通。

软件应用无所不在，正在吞噬整个世界。随着软件定义在工业、工程领域的深度发展，信息空间与物理空间的融合呈现泛在化趋势，设备的智能化水平越来越依赖工业技术软件化水平。发展信息物理系统和打造中国工业软件平台成为落实“中国制造 2025”的两个重要方面。从软件对智能化的重要意义来说，软件定义创新创业的运行规则。

2.4　平台支撑：支撑新型创新体系构建

2.4.1　平台发展

20 年前，对于国际学术界与业界来说，“平台”这个词还比较新鲜，现如今却已广泛使用。平台概念于 1992 年和 2003 年先后被引入管理学与产业经济学界，分别用于描述基于模块的产品生产体系和促进交易的双边或多边市场，并由此成为管理学与经济学共同研究的热点。伴随着平台模式的盛行，平台研究成果呈指数级增长。平台概念的迅速走红反映了平台日益成为重要的产品生产模式、商业模式、产业发展模式，而且平台企业越来越多，平台业务增长迅猛，对人们生活的影响日趋强烈。平台模式正在迅速改变人类社会的方方面面，日益成为重要的经济模式，如以维基百科为代表的搜索平台正在成为知识创造的新模式。可以说，人类社会正经历着平台革命，世界迈入了平台化时代。

随着信息化时代的发展，平台业务的创新机会增多，平台之间的互动性增强，以产业平台为基石的产业生态系统正在成为产业共同发展与群体竞争的新利器。第一，产业平台可以实现产业聚合发展，目前出现的产业平台类型繁多，如实体平台与虚拟平台，产品平台与双边市场平台，供应链平台与产业平台，其中产业平台尤为常见。第二，产业平台是由一家或数家企业开发出的产品、服务或技术，成为其他企业创建补足品、服务和技术的基础与媒介，为用户提供综合性产品、技术或服务。第三，产业平台具有很强的集聚能力，通过平台接口的多样化合理设置，可以突破产业边界，吸引相关产业的企业及用户积极参与该平台，实现产业聚合发展。

2.4.2 平台支撑新型创新体系构建

在经济学上，生产能力通常是指在计划期内，企业参与生产的全部固定资产在既定的组织技术条件下所能生产的最大产品数量，或能够处理的原材料数量。它可以反映企业所拥有的加工能力，也可以反映企业的生产规模，它是反映企业生产可能性的一个重要指标。

所谓生产能力网络化共享，是指在各行业生产网络中对生产过程技术性支持资料的共享，即实现同行业间有关生产能力的合作与交流，这对于提高企业的生产效率起着至关重要的作用。

目前，对生产能力影响最大的当属工业互联网平台。工业互联网平台以基于数据的通力合作为纽带，打造开放共享的价值网络。工业互联网平台是以数据为驱动、制造能力为核心的专业服务平台。本质是通过构建精准、实时、高效的数据采集互联体系，推动机器、物料、系统、产品、人等参与主体各类要素信息的泛在感知、云端汇聚、高效分析和科学决策，推动涉及生产全要素、全流程、全产业链、产品全生命周期管理的各类资源优化配置。

工业互联网是全球工业系统与高级计算、分析、传感技术及互联网的高度融合，简单地说就是将机器和人连接。核磁共振成像仪、飞机发动机、电动车，甚至发电厂都可以连接到工业互联网中。它由机器、设备、集群和网络组成，能够在更深的层面与大数据分析相结合，从而有效地发挥各机器的潜能。人机互联能最大限度地提高生产效率，稳定产品质量，节省成本，推动设备技术的升级，从而提高经济效益。

当今社会，无论是工业化还是互联网，这两次技术革命带来的社会变化是有目共睹的，我们都有切身体会。工业化创造了无数的机器、设备组、设施和系统网络，互联网革命带来了计算、信息与通信系统的进步。工业互联网则汇集了两大革命的成果，将世界上的各种机器、设备组、设施和系统网络，与先进的传感器、控制和软件应用程序相连接，为各种企业、产业和宏观经济提供了新的增长机遇。

两者的结合能够互相吸收更多的资源，更有效地进行资产优化、系统优化，从而带来生产力的巨大提高。如果工业互联网能够广泛普及和应用，将对我国的工业和经济发展产生巨大的影响。例如，在商用航空领域，节约百分之一的燃油意味着节约 180 亿元的燃料成本；燃气发电机组能耗降低百分之一，意味着节约价值 500 亿元的燃料。

事实上，国内一直都有工业互联网的概念。上海可鲁系统软件有限公司于 2004 年在国内最早提出工业互联网的概念，并一直在研究怎样把工业设备通过互联网互联互通。可鲁副总裁张坚曾解释说：“在技术层面，工业互联网属于一个交叉性学科的综合应用，涉及三个领域的问题。一是工业信息安全，二是网络通信技术，三是广域自动化。只有把这三个技术融合在一起，才能构成一个工业互联网的基础架构。可以从两个角度理解工业互联网。一是依托公众网络连接专用网络、局域网。现在企业里有很多局域网络，如石油传输管线、铁路交通、电网等。二是以生产自动化为基础，实现企业全面信息化，然后再变成工业互联网。”

当前，新一轮科技革命和产业变革应运而生，全球工业互联网正加速发展，工业互联网平台作为构建工业互联网生态的核心载体，正在从商业领域向制造业领域拓展，成为推动制造业与互联网融合的重要推手，也是全球主要国家、产业界和领先企业战略布局的关键方向。2017 年国务院常务会审议通过了《深化“互联网 + 先进制造业”发展工业互联网的指导意见》，提出“要支持有能力的企业发展大型工业云平台，推动实体经济转型升级，打造制造强国、网络强国”。

工业互联网平台是面向制造业数字化、网络化、智能化需求，构建基于海量数据采集、汇聚、分析和服务体系，支撑制造资源泛在连接、弹性供给、高效配置的载体，其核心要素包括数据采集体系、工业 PaaS、应用服务体系，如图 2-6 所示。

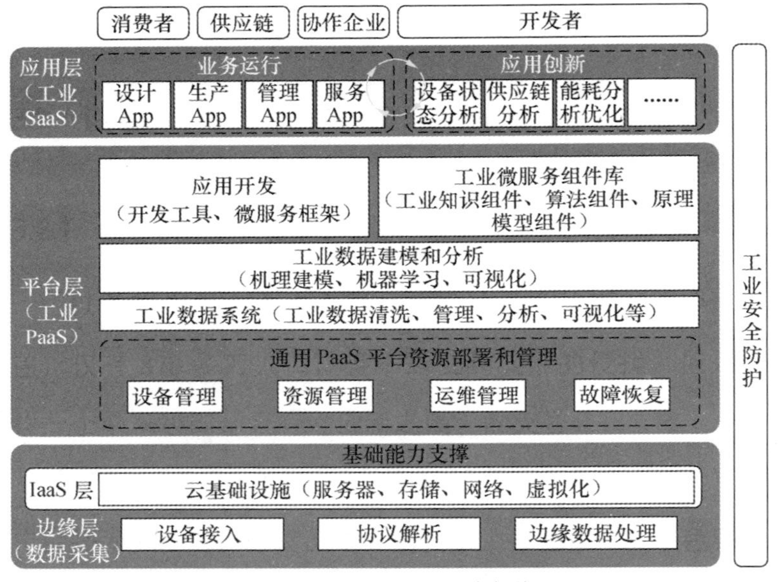

图2-6　工业互联网平台架构

在数据采集体系方面，通过智能传感器、工业控制系统、物联网技术、智能网关等技术，对设备、系统、产品等方面的数据进行采集。在工业 PaaS 方面，基于工业互联网平台将云计算、大数据技术与工业生产实际经验相结合，形成工业数据基础分析能力；把技术、知识、经验等资源固化为专业软件库、应用模型库、专家知识库等可移植、可复用的软件工具和开发工具，构建云端开放共享环境。

在应用服务体系方面，面向资产优化管理、工艺流程优化、生产制造协同、资源共享配置等工业需求，为用户提供各类智能应用和解决方案服务。

工业互联网平台对于打造新型工业、促进“互联网+先进制造业”融合发展具有重要作用，主要体现在以下几个方面。

一是能够发挥互联网平台的集聚效应。工业互联网平台承载了数以亿计的设备、系统、工艺参数、软件工具、企业业务需求和制造能力，是工业资源汇聚共享的载体，是网络化协同优化的关键，催生了制造业众包众创、协同制造、智能服务等一系列互联网新模式、新业态。

二是能够承担工业操作系统的关键角色。工业互联网平台向下连接海量设备，自身承载工业经验与知识模型；向上对接工业优化应用，是工业全要素连接的枢纽，是工业资源配置的核心，驱动着先进制造体系的智能运转。

三是能够释放云计算平台的巨大能量。工业互联网平台凭借先进的云计算架构和高性能的云计算基础设施，能够实现对海量异构数据的集成、存储与计算，解决工业数据处理爆炸式增长与现有工业系统计算能力不相匹配的问题，加快以数据为驱动的网络化、智能化进程。

目前，工业互联网平台的理念和重要性逐渐被产业界所认识，全球推出了一系列工业互联网平台产品。2015 年以后，企业对平台的布局明显加快。一方面，国际知名工业企业相继推出自己的工业互联网平台产品，基于自身在制造系统及工业数据方面的优势，向数据驱动的应用创新延伸。另一方面，已经推出工业互联网平台的信息技术企业开始对平台产品进行更新和升级，通过重新整合内部产品、增加新型服务能力等方式，不断完善平台功能，特别是增强底层数据的集成接入能力。根据国际有关咨询机构的统计，目前国外工业互联网平台数量超过 150 个，而到 2018 年我国工业互联网平台已经达到 269 家，其中有区域影响力的为 50 家。

我国工业互联网平台建设起步相对较晚，产业基础有待夯实，与国际领先企业的平台相比还有一定差距，主要表现在：一是工业控制系统、高端工业软件、云计算平台等产业基础薄弱，平台数据采集、开发工具、应用服务等核心技术存在不足，自动控制与感知、云计算平台等制造业新基础有待进一步夯实；二是平台应用领域相对单一，与实际业务需求结合得不够紧密，同时第三方开发者的社区建设和运营还不成熟，工业 App 数量与工业用户数量的双向迭代和良性发展尚需时日；三是缺乏具有产业链集成整合能力的龙头企业，难以形成资源汇聚效应。面对全球制造业平台化发展趋势，企业应充分重视工业互联网平台的基础性、战略性作用，充分认识平台建设的迫切性、复杂性和长期性，构筑基于平台的制造业新生态。

我国是制造大国，拥有最全的制造业门类，数字化、网络化、智能化是企业的发展方向，但行业间、企业间的基础条件差异较大。因此，推动工业互联网平台发展，要重点考虑信息化基础较好、转型升级需求迫切、资源集聚效应初步显现的行业领域，鼓励骨干企业结合自身的基础和需求，加快构筑自动控制与感知技术、工业软件等制造业新基础，推进工业互联网平台建设和应用推广。

在平台体系建设思路方面，《国务院关于深化“互联网+先进制造业”发展工业互联网的指导意见》以当前我国工业互联网平台发展的关键问题为出发点和落脚点，从“供给侧”和“需求侧”两端发力，充分考虑产业未来的发展趋势，聚焦融合重点，突出平台体系建设，注重夯实平台发展基础，着力提升平台的运营能力，加快推动工业企业上云与工业 App 培育。

在总体目标方面，从“建平台”和“用平台”两个角度，提出了平台发展的绩效目标。到 2025 年，重点工业行业实现网络化制造，工业互联网平台体系基本完善，形成 3 ～ 5 个具有国际竞争力的工业互联网平台，培育百万工业 App，实现百万家工业企业上云，形成“建平台”和“用平台”双向迭代、互促共进的制造业新生态。

在工作部署方面，一是工业互联网平台培育，通过企业主导、市场选择、动态调整的方式，形成跨行业、跨领域平台，实现多平台互联互通，承担资源汇聚共享、技术标准测试验证等功能，开展工业数据流转、业务资源管理、产业运行监测等服务，推动龙头企业积极发展企业级平台，开发满足企业数字化、网络化、智能化发展需求的多种解决方案，建立健全的工业互联网平台技术体系；二是工业互联网平台试验验证，支持产业联盟、企业与科研机构合作共建测试验证平台，开展工业互联网平台适配性、可靠性、安全性等方面的技术验证与测试评估服务，规范平台发展秩序，推动平台功能不断完善，加快平台落地应用；三是推动百万家工业企业上云，鼓励工业互联网平台在产业聚集区落地，推动制造业数字化、网络化、智能化改造，加快智能产品、生产装备、研发工具、运营系统、能力交易等数据和业务系统上云，推动地方政府通过财税支持、政府购买服务等方式鼓励中小企业的业务系统向云端迁移，实现“建平台”与“用平台”双向迭代、互促共进；四是培育百万工业App，支持软件企业、工业企业、科研院所等开展合作，培育100万个左右面向特定行业、特定场景的工业App，壮大工业互联网平台产业。

《国务院关于深化“互联网+先进制造业”发展工业

互联网的指导意见》通过“建平台”与“用平台”的有机结合实现了双轮驱动，加快工业互联网平台体系的建立健全，抢占未来以工业互联网平台为核心的制造业生态发展主动权和话语权。其重点与亮点主要体现为以下四个方面。

一是加快工业互联网平台培育是首要任务。将平台作为工业互联网建设的核心内容，从打造工业关键基础设施的高度，突破数据集成、平台管理、开发工具、微服务框架、建模分析等关键技术瓶颈，发挥骨干企业与科研院所的核心作用，搭建10个左右跨行业、跨领域平台，建成一批支撑企业数字化、网络化、智能化转型的企业级平台，实现企业内部及产业上下游、跨领域生产设备与信息系统互联互通，打破“信息孤岛”，促进制造资源、数据等集成共享。支持大企业内部人员、中小企业、第三方开发者、创客利用工业互联网平台开展创业创新，对接个性化、定制化需求，开展协同设计、众包众创、云制造等创新应用，打造基于工业互联网平台的创业创新生态体系。立足工业互联网平台的长期可持续运营，强化工业互联网平台的产品设计、生产工艺、生产模型、知识模型等各类数据资源和制造资源汇聚共享能力，推动全产业链要素整合优化，提供满足行业与企业需求的多种解决方案，不断探索商业模式创新，最终形成具有国际竞争力的工业互联网平台。

二是开展工业互联网平台测试验证是基础支撑。测试验证是实现工业互联网平台高效适配、安全可靠的关键载体，是整合产业链创新资源的重要手段，是工业互联网平台大规模应用的重要保障。支持产业联盟、企业与科研机构合作共建面向数据采集、管理服务（工业 PaaS 平台）、应用服务（工业 App）等领域的测试验证平台，开展功能、性能、适配性、安全性、可靠性等技术验证与测试评估服务，有效规范平台发展秩序，推动平台功能不断完善，加快平台落地应用。

三是促进百万家工业企业上云是核心抓手。鼓励工业互联网平台在产业聚集区落地，支持企业开展设备、生产、管理等业务系统的云化改造，以及研发设计、生产制造、运维服务等能力的云端迁移，降低企业数字化成本，促进业务集成与资源配置优化。基于平台对海量设备与产品数据的集聚优势，鼓励建设开发者社区，吸引第三方开发者使用工业 PaaS 平台上的开发工具、开发环境和微服务组件，研发技术、管理、服务应用程序。积极引导企业从软件上云到硬件上云转变，加速以成本驱动和集成应用为导向的工业互联网平台，向以能力交易、创新引领和生态构建为导向的工业互联网平台演进，提高工业知识的生产、传播、复用效率，形成平台能力提升与海量使用之间相互促进、双向迭代的良性循环。

四是百万工业 App 培育是重要目标。推动工业技术软件化，一方面加快 CAD、MES、ERP 等传统工业软件的云化改造和迁移，另一方面推动工业互联网平台开放共享工艺模型、知识组件、算法工具、开发工具等共性微服务组件，引导第三方开发者基于平台开发新型工业 App，形成基于平台的工业 App 开发者创新生态。面向工程机械、家电、航空、石化等重点行业，逐步培育 100 万个左右面向预测性维护、协同研发、全生命周期管理等特定应用场景的工业 App，推进工艺经验程序化、工业知识显性化和工业智能云计算化，壮大工业互联网平台产业。

工业互联网平台是生产能力网络化共享的核心载体，只有打造和不断完善工业互联网平台，才能实现更大范围、更高效率、更加精准的优化生产和服务资源配置，促进传统产业转型升级，催生新技术、新业态、新模式，为制造强国建设提供新动能。

2.5　智能主导：主导产业创新模式变革

100 年前，繁重且极易出错的计算任务只能由人类手动计算，一个稍微复杂的方程式就会耗费大量的人力，现在这些繁重的工作都交给了计算器来处理，其处理速度和准确程度都远远地超过了人类手动计算，计算器在 100 年前的人眼里就是不可能存在的事物。但是到了现代社会，人们对于机器的要求已经不仅仅是复杂的数学计算，更重要的是要求机器具有人类的思维方式，能够在人类不干预的情况下独立地做出准确的判断，让人类从复杂的逻辑思考中解脱出来，这就是现在人们所说的“人工智能”，如图 2-7 所示。

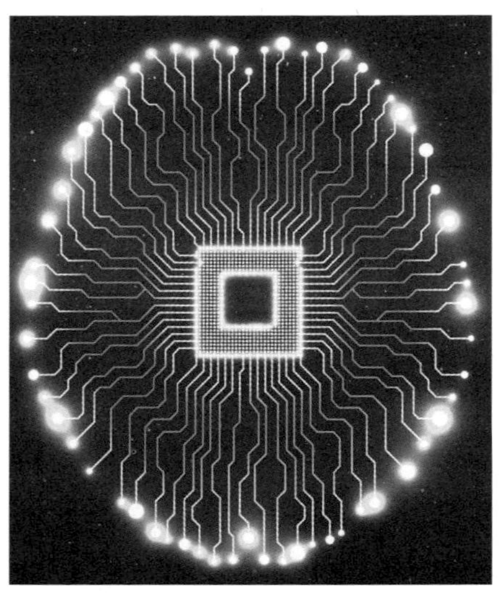

图2-7　打开未来之门

可以预见，人工智能的出现还会使工业的产业结构发生巨大的变革，企业管理模式更为精简，使人类的工作效率更高效。

2.5.1 智能进化

在现今社会中，智能化已成为这个时代的主旋律和发展趋势，我们的日常生活不断地被各种智能产品充斥，如智能手机、智能家具、智能工厂、智能机器人等。那么智能的定义是什么呢？

目前，科学家们根据对人脑已有的认识，结合智能的外在表现，从不同的角度、不同的侧面，用不同的方法对智能进行研究，提出了几种不同的观点，其中影响比较大的观点有知识阈值理论、思维理论、进化理论等。

知识阈值理论：认为智能行为取决于知识的数量预期一般化的程度，一个系统之所以智能是因为它具有可运用的知识。因此，知识阈值理论把智能定义为在巨大的搜索空间中迅速找到一个满意解的能力。这一理论在人工智能的发展史中有着重要的影响，知识工程、专家系统都是在这一理论的影响下发展起来的。

思维理论：认为智能的核心是思维，人的一切智能都来自于大脑的思维活动，人类的一切知识都是人类思维的产物，因此，研究思维规律与方法可以揭示智能的本质。

进化理论：认为人的本质是在动态环境中的行走能力、

对外界事物的感知能力、维持生命和繁衍生息的能力。核心是用控制取代表示，从而取消概念、模型及显示表示的知识，否定抽象对智能及智能模型的必要性，强调分层结构对智能进化的可能性与必要性。

综上所述，智能可以认为是知识与智力的综合。其中，知识是一切智能行为的基础，而智力是获取知识并运用知识求解问题的能力，其本质上是一切生命系统对自然规律的感应、认知和应用。人类关于智能工具的追求从未停止过，在现今社会中，智能化在工业生产上逐渐显现，智能制造也必将成为这个时代工业发展的重要趋势。

智能制造充分体现了智能的三个重要属性，即“有感知”“自决策”和“善动作”。智能制造是基于大数据、物联网等新一代信息技术与制造技术的集成，能够自主动态地感知并适应制造环境的变化，实现产品从设计制造到回收再利用全生命周期的高效化、优质化、绿色化、网络化、个性化的制造系统或模式。其本质是虚拟网络和实体生产的相互渗透融合，通过将专家的知识和经验融入感知、决策、执行等制造活动，赋予产品制造在线学习和知识进化的能力，使制造体系中的各个企业、各个生产单元高效协同，在减少对传统劳动力需要的同时，能极大地提高生产效率。

智能制造不仅是单一技术和装备的突破与应用，而且是依靠装备智能化、设计数字化、生产自动化、管理现代化、营销服务网格化等制造技术与信息技术的深度融合与集成，创造新的附加值。借助传感器、物联网、大数据、云计算等的运用，智能制造能够实现设备与设备、设备与工厂、各工厂之间以及供应链上下游企业间、企业与用户间的无缝对接，企业可以更加精准地预测用户需求，根据用户多样化、个性化的需求进行柔性生产，并实时监控整个生产过程，实现低成本的定制化服务。

智能制造是制造业的划时代变革，也是智能从“人知”到“机知”发展的又一大跨步进化，智能化必将成为当今时代的主题。

2.5.2　生产方式的智能化变革

在经济学上，生产方式是指社会生活所必需的物质资料的谋取方式，在生产过程中形成的人与自然界之间和人与人之间相互关联的体系。人们一般把物质资料生产的物质内容称为生产力，把其社会形式称为生产关系，这两者都是生产方式的建设性内容——物质生产方式（物质谋取方式）和社会生产方式（社会经济活动方式）。换言之，生产方式是两者在物质资料生产过程中的能动统一。

纵观世界经济发展史，全球工业已然经历了蒸汽技术革命（第一次工业革命）、电力技术革命（第二次工业革命）与电子计算机及信息技术革命（第三次工业革命）的洗礼，每次科技和产业革命总会推动生产方式的颠覆性变革，工业社会随之完成了从手工业生产方式向机器自动化、大规模定制的生产方式的转变，从而带来了生产效率的巨幅提升。

世界各国已达成共识，制造业是现代工业的基石，是实现国家现代化的保障，也是国家综合国力的体现，是一个国家的脊梁。发展和变革制造业已成为现今世界竞争格局愈演愈烈的必要途径。新一轮工业革命将以制造业与信息化技术的深度融合为手段，实现制造业迈入智能化时代，构建智能制造的制造业生态体系。

如今，制造业向智能化转型已然成为不可逆的大趋势，全球制造业正在加快迈向数字化、智能化时代。为应对新工业革命下的国际竞争，发达国家不约而同地将智能制造作为制造业未来发展的重要方向。美国的“先进制造业美国领导力战略”，旨在大力推动以“工业互联网”和“新一代机器人”为特征的智能制造战略布局。作为“工业 4.0”的倡导者，德国意欲主导智慧工厂等“工业 4.0”的标准制定，掌控智能制造的规则话语权。日本提出了“社会 5.0 战略”等一系列战略措施支持智能制造的发展，以重塑日本制造业的竞争新优势。智能制造对制造业竞争力的影响也将越来越大。

回顾历次工业革命对世界经济格局的影响，我们知道每次科技与产业革命也是发展中国家实现跨越发展的重要机遇。跟紧甚至引领新工业革命前进的步伐，将成为我国向制造强国迈进、加速社会经济发展、实现全面建成小康社会的重要契机。

目前，我国制造业的规模已跃居世界第一，拥有世界上最为完整的工业体系，成为全球价值链的重要参与者。然而，总体来看，中国制造大而不强的特征明显，自主创新能力相对较弱，资源消耗大，低端产能过剩，高端供给明显不足，产业整体仍处于全球制造业链条的中低端。在当前国内发展动能转换和国际竞争加剧的形势下，发展智能制造是实现制造强国的重要途径。

对于我国来说，智能制造提升生产效率的功能有助于抵消劳动力成本上涨的影响，保持并强化“中国制造”的综合竞争力。制造业向智能制造的转型会产生对智能装备、智能传感器、新材料、工业软件系统以及相关服务的大量需求，能够形成新的产业增长点。此外，借力新的生产组织方式和商业模式，智能制造还能够实现生产制造与市场需求之间的动态匹配，有利于减少过剩的产能和库存，节约资源和能源，这与供给侧结构性改革的目标方向高度契合。智能制造业将为“补短板”、打造经济发展新动能注入动力和活力。

智能制造作为新一代信息技术与制造业的深度融合，将促进制造模式、生产组织方式和产业形态的深刻变革。中国的制造业在新一代的现代化变革中，预计将出现以下十个趋势。

趋势一：产业组织模式的变革将重塑现有工业体系。信息时代制造业的创新特点正在发生显著变化：一是科研工具日益数字化、智能化；二是创新模式向异地化、协同化方向发展；三是用户参与创新的过程更加容易，众创模式逐渐普及；四是技术更新周期缩短，创新速度加快；五是研发（包括设计、研究、试验）手段虚拟化、网络化。智能制造内在表现为多种学科交叉、多种技术融合、多种工艺复合、多种材料混用、多种资源整合、多种人才聚集；外在表现为更新速度加快、研发周期缩短、定制生产普遍、模式创新活跃。在这一趋势的推动下，中国现有工业体系会逐步被瓦解、重构，新的制造模式、组织方式、产业形态等大量涌现。

趋势二：中国市场需求的战略纵深极具全球性价值。从全球看，门类齐全、发展水平参差不齐的中国制造业，恰如全球制造行业的一个缩微版本，基于中国市场发展的技术、产品和业务模式，具有全球应用前景。可以预期，基于中国需求多样化、动态化特征发展起来的制造业产业升级的经验，将来也能够应用到全球其他市场，这也是中国企业对全球产业升级的重要贡献。在《财富》杂志发布的“世界500强”的榜单上，中国企业上榜数量逐年提高，2018年达到120家，占总数的24%，比美国少6家，远远超过日本的50家。我们相信，中国独特的优势一定会“训练”出越来越多具有全球竞争力的创新型企业。

趋势三：规模庞大、层次多样的需求将不断被创造。中国制造业具有规模体量大、结构体系完备、发展水平参差不齐的显著特点，在中国制造业整体转型升级的过程中，处于不同发展水平的领域和行业也将成批次地动态推进：首先，中国各行业拥有的巨大市场，将为企业新技术的孕育提供必需的规模门槛；其次，需求差异化将提供多样化的使用场景，可用于试验不同的技术产品和升级路径；再次，由于市场需求差异大，技术的创新和扩散在各行各业都要经历一个过程，企业将面对接力式的需求浪潮。因此，处于庞大市场中不同发展阶段的企业对生产装备自动化、信息化和智能化的各类需求将长时间同时并存。从这个意义上说，全球没有任何一个其他市场可以孕育如此多样性、成规模的创新需求。

总体来看，中国仍处于工业化中期阶段，与先进国家相比还有较大差距。通过对占世界制造业总产值 70% 以上的 15 个国家的制造业质量竞争力的对比分析，中国整体制造业竞争力排在第 13 位。当前，中国正加速进入工业化中后期，伴随着各产业部门新的装备需求、普通民众新的消费需求、社会治理服务新的能力需求、国际竞争和国防建设新的安全需求，在生产装备技术水平、消费品质提升、公共设施设备供给、重大技术装备等各个方面，一个有 13 多亿人口、加速工业化的中国，正创造出一个需求不断升级的庞大市场。

趋势四：催生大量以服务型制造为代表的新兴业态。产业升级的本质是生产要素成本攀升与产业价值链提升之间的一场马拉松式的竞赛，这场竞赛决定了一个国家能否迈过中等收入陷阱、能否冲破高收入壁垒。制造业服务化是提升产业价值链的重要途径，是信息化时代一家企业乃至一个国家赢得这场竞赛的关键。发达国家制造业的服务化水平明显高于工业化进程中的国家。美国、德国等发达国家的服务型制造企业的比例已超过 50%，而中国制造业中的服务型制造企业只占了不到 2%。

产业互联网时代，企业成功的核心是能否从观念、技术、商业模式上进行改造，使每家企业不再只是产品生产者、服务提供者，而是通过产品与服务与客户建立“强关系”，成为 24 小时在线了解、预测客户需求的“客户运营商”（Customer Operator）。

服务以各种形式融入了制造业的研发设计、生产制造、经营管理、销售运维等环节，有价值创造的可能就有服务形态的出现。服务型制造的主要模式：基于产品研发设计的增值服务；基于产品效能提升的增值服务；基于产品交易便捷化的增值服务；基于产品集成整合的增值服务；基于产品的服务到基于需求的服务等。

趋势五：竞争焦点从价值链提升转向价值网络构建。互联网使信息搜寻、沟通、协商、谈判、支付等环节变得更加容易，显著降低了企业的各种交易成本。同时，互联网聚合了群体创造的力量，用户、供应商、合作伙伴等越来越多地参与到企业的价值创造活动中，显著降低了企业的管理成本。于是，在市场机制和企业机制之间出现了“第三只手”——价值网络机制，即通过整合资源而不是一体化或简单交易，以开放、共享、互利、对等、协作的方式，与合作伙伴形成利益共享的价值共同体，共同创造和分享价值。

价值网络提供了获取信息、资源、市场、技术的新机制，不仅降低了交易成本和管理成本，而且发挥了规模经济、范围经济和网络外部性的优势，创造了更大的价值空间，在实现和交付客户价值的同时帮助企业实现战略目标。以上这些因素交织在一起，相互作用，不仅增强了商业环境的不确定性、未来的不可预测性、商业系统的复杂性，而且导致了具有破坏性的大规模的商业力量的转移。全球商业已经进入新的结构性变化的时期，企业创造价值的方式和逻辑发生了根本性的变化，新的治理机制正在形成。

趋势六：创新模式从组织内部转向开放性众包平台。自第一次工业革命以来，社会生产方式经历了三个阶段：第一个阶段是20世纪初开始的大规模制造阶段，这得益于标准化作业流程和流水线，福特T型车得以大规模生产；第二个阶段是始于20世纪80年代的大规模定制阶段，在此阶段企业与用户之间开始出现互动，用户有更多的选择余地和更大的满足感；第三个阶段可以称作个性化定制阶段，大众市场被打碎，重新分化组合，呈现多品种、少批量、碎片化的特点，消费者开始进行DIY，通过量身定做彰显自己的个性，表达自我的情感诉求。纵观生产方式转变的三个阶段，生产者和消费者的互动关系在悄然变化，消费者开始一步一步融入产品价值创造的环节，出现了“产销合一”。

在新经济模式下，除了消费者以外，供应商、合作伙伴等利益相关者也越来越多地参与企业的价值创造活动，即众包或群体创造。众包以开放的平台，聚合用户、供应商、合作伙伴以及员工的智慧，发挥企业内部和外部群体创造的力量，来自不同头脑的思想和智慧相互碰撞、借鉴、补充和启发，从无序到有序，从散乱到集中，从微小到宏大，迸发出工业经济时代让人无法想象的力量。

趋势七：具有商业影响力的云制造平台将不断涌现。云制造是一种新型的网络化制造服务模式，融合了先进的制造技术，以及互联网、云计算、物联网、大数据等信息技术，以公共服务平台为载体，通过虚拟化、服务化和协同化，汇聚分布异构的制造资源和制造能力，在制造全生命周期的各个阶段，根据用户的需求，实现及时、低成本的服务，实现自动化资源的高质高效对接。从云制造的内涵和特征可以看出，云制造的运营其实包含了四大要素：一是需要服务平台；二是要有广大的用户需求方；三是要有制造资源和服务的提供方；四是要有平台运营商，且平台承载了各种各样的制造资源和服务。各主体之间能够依托平台高效互动，各取所需。

趋势八：面向未来竞争力培育的产融互动集中爆发。面对新技术、新模式的冲击，传统制造业迫切需要借助资本杠杆，摆脱内涵式增长乏力的困扰，基于原有资源和能力，不断孵化新业务，挺进新领域，孕育新能力。可以预见，未来几年中国制造领域将产生大量并购和整合，在这个进程中，产业集中、结构优化、规模经济和范围经济的效率提升等产业效应日益彰显。事实上，在政策推动下，中国制造业已经通过资本市场上的并购整合迈开了转型升级的步伐。Baker McKenzie 国际律师事务所发布的全球交易展望报告预计，在 2019 年，中国内地并购市场交易额将达到 2971 亿美元，交易数量达 2003 宗。

未来，大量企业将以战略为牵引，充分借力资本市场，并将资本市场的优势转化为产业方面的竞争优势，以资本驱动产业，以产业支撑资本，实现产业和资本的协同发展。

趋势九：共享经济模式为制造业提供了转型新方向。从产业组织方式来看，互联网价值发现、资源聚合、大众协同的一些特性使以层级制组织线性分工为特征的传统组织向网络化、平台化、扁平化为特征的新型组织转变。与此同时，传统制造业的以产品和生产为核心的商业模式已经在向以消费者为核心、以生产加服务为本转变，产业竞争也从单一环节向产业的生态竞争转变，以共享经济模式为代表的无工厂的制造商和微型跨国公司也正在逐步崛起。在制造业传统的供给模式下，劳动者或服务提供者需要依附于商业组织，间接地向最终消费者提供服务。共享经济的出现，打破了个体劳动者对商业组织的依附，可以直接向最终用户提供服务或产品。而共享经济平台的出现，使脱离商业组织的个体劳动者有机会更广泛地接触需求方。

趋势十：“数据工程师”加速取代传统“熟练工种”。智能制造的快速推进带来了对人才的巨大需求。随着数字化研发设计管理工具的普及，员工需要具备应对“工业4.0”的基本素质，传统的工艺类岗位也面临着数字化改造，CAD（电子计算机辅助设计）、CAM（电子计算机辅助制造）、CAE（电子计算机辅助模拟仿真分析）、CAPP（电子计算机辅助工艺过程设计）、MES（生产过程执行管理系统）、ERP（企业资源计划）等工具的运用已经成为员工的基本能力要求。一些传统岗位在生产中的作用将逐渐被弱化甚至消失，例如，晒图员岗位逐渐退出历史舞台，而数字化建模、精益专员、逆向造型、3D打印、精密测量与检验岗位越来越重要。

在这一背景下，企业发展趋势、岗位及人才需求的变化对人才教育培训供给模式产生冲击，人才培养标准与企业岗位需求迫切需要加速对接。智能制造实现了制造工艺仿真优化、制造过程数字化控制、状态信息实时监测，企业“熟练工种”将减少，人将更多地从事产品设计、工艺优化、生产系统管理等工作。因此，高等院校要重新审视制造类专业定位，优化专业结构，提升师资队伍水平。

智能制造对生产方式的变革是颠覆性的，也是新一代科技和产业变革的主要方向。它对产业形态的变革是方方面面的，只有顺应和追逐制造业智能时代的到来，才能实现社会经济的再一次蓬勃发展。

第三章 解密世界创新强国“密码”

一些陈旧的、不结合实际的东西，不管那些东西是洋框框，还是土框框，都要大力地把它们打破，大胆地创造新的方法、新的理论，来解决我们的问题。

——李四光

创新对一个国家来说极其重要，创新强则国运昌，创新弱则国运殆。国家之间的竞争实际上是综合国力的竞争。而综合国力的竞争实质上是创新能力的竞争。一个国家只有不断提高创新能力，才能立于不败之地。创新已经成为推动经济社会发展的核心驱动力，全球新一轮科技革命、产业变革加速演进，颠覆性技术不断涌现，正在重塑世界竞争格局，发达国家和新兴经济体为迎接新科技革命，纷纷把科技创新作为国家发展战略的核心，出台一系列创新战略和行动计划，提升国家竞争力，抢占未来发展制高点。

3.1 美国：以创新重塑世界经济版图

3.1.1 抓住机遇，迅速壮大

不可否认的是，美国虽然只有200余年的建国历史，但其在全球经济版图上却有着举足轻重的地位。1894年，美国抓住了第二次产业革命的机遇，超过英国成为世界第一大经济体。美国股票的市值占世界的比重接近1/3，世界市值最大的10家公司之中美国就占了9家。美国纽约是世界上最重要的金融中心之一，其在商业和金融方面的政策对全球的经济、金融、媒体、教育、娱乐和时尚等产业都会产生影响。

美国之所以在经济上取得这样的成就，与其科技创新发展水平密不可分。可以说，创新是美国成为世界经济大国的根本原因。19世纪70年代以来，美国在科技创新和制度创新方面都走在了西方世界的前列。20世纪20到30年代，罗斯福创新性地采取对策应对经济危机，取得了显著的成效。长期以来，美国形成了科学的科研和高等教育体系、深厚的创新创业文化、先进的高新技术产业体系和良好的创新生态系统，其科技创新水平、成果转化能力、商务应用能力等均处于世界前列。美国共有 50 个州，其中 39 个州拥有财富 500 强公司。全球 1000 家最具创新能力的公司中，美国公司占据了 40%。

美国十分重视科学技术的充分发展。20 世纪 90 年代，共有 35 位美国科学家获得了自然科学类的诺贝尔奖，占总数的 61%；在世界公认的四大科技文献检索系统中，美国发表的论文数占到总数的近 40%；在信息技术、生物技术、纳米技术等细分领域，美国也处于世界领先水平。

这些年来，美国全球创新竞争力稳步提升。产权组织、康奈尔大学和英士国际商学院等根据科技投入、产出等 79 个指标对全球 144 个国家和经济体的创新表现进行排名，联合发布每年的全球创新指数报告。美国的创新竞争力从 2012 年的第十位上升至 2013 年的第五位，2014 年和 2015 年分别位列全球第六位和第五位，而 2016 年至 2018 年一直处于第四位。

3.1.2　美国创新基因探索

创新是实现创造就业、刺激经济和保持国家竞争力的

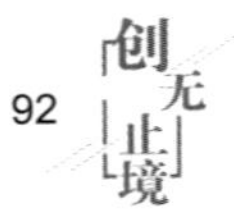

源泉。美国政府持续鼓励创新，不断优化创新制度，加强创新人才培养，培育创新创业氛围。

人才战略

美国十分重视高层次人才的培养，并将教育视为国家发展和人才培养的关键。美国的高等教育坚持实用主义，注重与地方社会经济的发展密切合作：一方面实现了高等教育大众化的快速发展，另一方面也促进了美国经济的快速崛起。美国现有公立和私立高校 4300 余所，技术专科学校和社区学院直接服务于地方经济的发展。美国高等教育投入占全球高等教育投入的 40%，全球 100 强的大学大多数分布在美国。丰富、高质的教育资源为美国培养了大量的人才，为美国的经济发展提供了助力。

美国不遗余力地从海外引进人才，力图汇聚全世界最顶尖的人才。美国通过不断修正《移民法》，以挑选的方式吸引众多外籍科技和专业人才，并充分利用这些人才所携带的技术、智慧和资本来加快美国经济与科技的发展。美国国家科学基金会统计，美国约 25% 的外国留学生学成后定居美国，被纳入美国国家人才库；在美国科学院的院士中，外来人士约占 1/5；在美籍诺贝尔奖获得者中，有 1/3 出生在国外。美国只培养了全世界 40% 的诺贝尔奖获得者，却有 70% 的诺贝尔获奖者在美国工作。

创新制度

美国对科学技术的重视，主要体现在完善基础与公共利益政策、制定有利于创新的制度、奖励科技发展、鼓励创新发明等方面。国家创新基础设施建设在美国的科技创新中起着基础性、支撑性作用。美国有比较完善的知识产权保护体系，建立起了一整套比较完善的专利保护制度。

美国的科技创新与美国的专利制度有密切的关系。美国鼓励个人奋斗致富，而创造发明是致富的重要途径。美国专利制度迄今已有 200 多年的历史，早在 1790 年就颁布了《专利法》，美国是世界上建立专利制度较早的国家之一。在科技领域，基础性科学发现的知识产权基本上是荣誉性的，而技术发明的知识产权，主要是专利权，直接推动着科技成果的产业化。使科技获得经济利益刺激的最好途径就是通过颁布《专利法》来保障专利人的利益，推动科技成果的产业化，把科技变成利益的来源。

美国政府引导建立完善的创新体系。按照三权分立原则，美国国会中参议院的商务、科学和交通委员会，众议院的科学、空间和技术委员在国家科技政策制定中发挥着重要作用。美国政府中没有专门的科学管理部门，总统通过科技事务助理、白宫科技政策办公室（OSTP）和总统科技顾问协调全国的科技工作。1993 年，美国联邦政府为了强化政府对科技的领导职能，成立了国家科学技术委员会（NSTC），由总统兼任主席，由政府各主要部门领导共同组成。同时，美国还成立了总统科学技术顾问委员会（PCAST），吸收学术界和 产业界的人士参与科技决策。NSTC 与 PCAST 对推动科技发展的作用是相辅相成的：NSTC 从政府的角度制订符合国家目标的科技发展计划；PCAST 从民间、私营及非政府的角度提供有关这些科技计划的反馈意见，并就事关国家发展的重大科技问题积极地向 NSTC 提出建议。

得益于美国的科技管理体系，美国的科技创新体系也呈现出多元化和多样性的特点。全国的科技创新活动主要由联邦政府、企业、大学和其他非营利研究组织四大系统的科技机构来开展。第二次世界大战从根本上改变了美国的研发系统，联邦政府对于工业与学术研究的支持出现了快速扩张。同期，美国国防部的研发支出从 2960 万美元增加到 4.236 亿美元。这不仅开创了政府大规模介入科研的先例，推动了“战后”政府研究的大规模兴起和研究型大学的迅速发展，而且在美国形成了一个主要从事国防相关产品生产的庞大军工综合体。最终，美国进入了真正的大科学时代。

在美国联邦政府系统内，国家实验室是主要的科技骨干力量。大学是美国从事基础研究和人才培养的主要基地。其他非营利机构主要包括资助、从事和服务于科研活动的组织。这类组织目前在全美每年的研发活动中所掌握和使用的科技资源绝对数量并不大，其科技投入仅占总投入的 15% 左右，科技支出仅占实际总支出的 3% 左右，但在联络科技人员、交流科技信息、普及科技知识、提供咨询中介等方面起着难以替代的重要作用。

美国国内私人、企业科技研发机构庞大，科技面向市场创造出巨大的财富，带动了整个国家科技的蓬勃发展。企业一直是美国技术创新的主体，既是研发活动的最大投入者，也是最重要的创新活动承担者和成果占有者。工业研究的增加直接导致了科技发明的社会分布格局的变化。越来越多的重要发明不再出自独立发明人之手，而是由企业研发机构来完成的。科研开发活动从而更有针对性和计划性，科技成果的转化速度和转化率日益提高。美国反对国际巨头企业的垄断行为，这为中小企业的科技创新提供了条件。在美国，中小企业在科技创新方面发挥着重要作用。20 世纪 80 到 90 年代，加利福尼亚州的硅谷是世界上最大的科技创新区，现在硅谷不超过 50 人的公司占科技公司的 80%。

美国政府通过引导建立创新区，助力美国创新生态的建立。创新区是通过城市规划手段实现的产业集群。在创新区里，研发机构、创业企业、孵化器及金融辅助机构等高度集聚，这里具备更完善的公共服务，所以企业创新也更加活跃。创新区由于人才聚集而拥有了更高的科技创新密度，更容易实现知识共享和技术合作，是一种支持创新的综合模式。创新区目前在美国非常普遍，而且这种形态正成为全球创新的主流模式。

另外，为了重建美国制造业的全球领导力和竞争力，美国政府在 2012 年启动了“国家制造创新网络”（NNMI）计划，以促进先进制造技术向工业和生产力转移。“国家制造创新网络”计划的核心是制造创新中心，负责特定领域先进制造技术成果的转化和应用。美国通过政府引导、市场化运作，调动“产、学、研、用、金”的积极性，共组创新联盟，聚焦共性技术的研究与开发，在基础研究与产业化之间搭建桥梁。

3.1.3 美国创新对中国的启示

大力发展人才战略。创新活动的开展离不开人才的作用。面向全球的人才吸纳和培养是美国科技创新的源头之一。我国一方面要不断提高教育水平，加大对高校、科研院所的科研经费支持，另一方面要营造更加良好的人才吸引环境。创新不仅是科学研究活动，而且是从科学研究到技术开发，再到产业化、商业化的全过程，经济发展的过程是旧的资源组合方式不断被打破，新的组合方式持续出现的过程。科学技术的突破是基础，而科技成果转化为现实生产力则是关键。

美国在科技创新和成果转化上较好地把握了政府、高校和研究机构、企业界之间的关系，一般性的研究以及将研究成果转化成产品与服务的任务则由企业主导，各方既有密切的合作，又发挥各自的主动性，使美国在新发明、新创意转化成新产品、新服务的过程中具有强大的内生动力。这提醒我们应持续优化创新资源配置，完善创新创业基础条件，建设适合我国国情的创新生态系统：加强对基

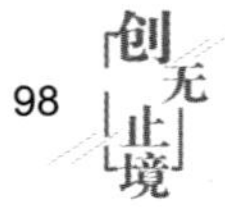

础教育、研发长期稳定的投入，提高教育水平和科研水平；提高政府在创新活动中的导向作用，为公众参与创新、创业提供更加便利的条件和机遇；构建完备的知识产权保护制度，最大限度地利用好全球的创新资源。

3.2 以色列：沙漠之中的全球创新之源

3.2.1 崇尚创新，逆风飞翔

以色列是一个中东小国，其超过一半的领土被沙漠覆盖，仅有 870 多万人口，且不断受到战乱的侵扰，但是这样一个中东小国却素有“创新之国”的美誉。

以色列的创新能力惊人：以色列拥有在美国纳斯达克上市的技术类公司，在美国之外的国家中排名第二；以色列的研发支出约占该国国民生产总值的 5%，高于其他任何西方国家；以色列人口不到全球人口的 0.2%，但诺贝尔奖得主有 160 多位，占全球诺贝尔奖获奖人数的 25%；2008 年经济危机之后，以色列人均 GDP 接近 3 万美元，可以与香港相媲美；以色列高科技领域的工作岗位有 24.8 万个，20% 的 GDP 在高科技领域，以色列出口产品的 80% 是高科技产品……这些都源于以色列的创新精神和创新文化的培养。

3.2.2　以创新谋发展

以色列因其巨大的创新能力让世界侧目，连一向自诩创新热土的美国硅谷都对其非常青睐。英特尔、微软、谷歌等全球高科技巨头都在此设有研发中心。以色列的创新能力为何如此强大？究其根本，主要有以下两个原因：外因是自然资源匮乏，使以色列不得不发挥人的作用，用创新谋发展；内因是以色列人培育创新精神的文化根深蒂固。

以色列国土狭小、自然资源匮乏、没有可依赖的资源，使其只能依赖自己，依赖创新。以色列自然资源匮乏，缺水和缺能源是两个最大的问题。2006 年，以色列政府启动了高效水技术项目，以鼓励水技术领域的创新。经过十几年的研究，以色列设计出世界上最先进的电脑控制滴喷灌溉技术，使之逐渐取代了地面自然灌溉技术，最大限度地利用并节约了水资源。

同时，以色列科学家在开发浅层地下水、对生活污水进行处理和再利用、海水淡化处理方面都取得了重要的创新成果。以色列形成世界最大的海水淡化规模，全国用水量的一半来自人工淡化海水。通过这些技术创新，以色列已经初步解决了水资源匮乏的问题。以色列能源匮乏，但

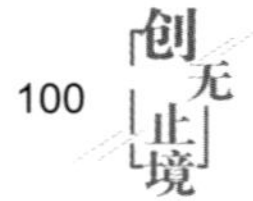

是以色列大部分地区全年日照在 320 天以上，阳光资源十分充足。为了解决能源缺乏的问题，科学家们长期致力于研究开发太阳能技术。目前，90% 的以色列住宅屋顶上都装有太阳能面板，用于家庭照明和烧热水。以色列科学家还研制出太阳能空调机、太阳能熔炉。

逆境造就了以色列的创新精神。联合国于 1947 年 11 月才承认以色列国土的合法性，但由于国土和宗教争端，以色列与邻国约旦、伊拉克等之间并不安宁。犹太人在漫长的流散年代中遭遇的苦难强化了犹太人的危机感和责任感。对威胁的高度敏感，应对危机的先发制人意识都塑造了以色列人创新发展的思维模式。

3.2.3 全民创新

现如今，以色列进入全民创业阶段，已经不需要政府再去鼓励创新创业。这种自发的全民创新创业源自以色列人的创新文化。

以色列人似乎在基因中就自带创造力的天赋。这可能与以色列人成长的方式和教育有关，以色列的小孩被鼓励不断地去尝试探索。小孩子在面对新问题时，家长鼓励小孩自己去体验，找到问题的答案，而不是直接告诉他们问题的答案。以色列家长不培养“乖孩子”，而是注重培养孩子独立思考的能力。犹太人认为孩子提出问题的能力比解决问题的能力更重要。另外，以色列还特别注重高校学生的创业创新能力培养，注重将科技创新与商贸管理、经济、法学、文史哲等学科相结合。

宽容失败。在以色列的文化中，失败是可以接受的，因为失败是可以让人有学习机会的。当一个人创业失败后，并不会受到人们的嘲笑。人们在为创业成功者感到自豪的同时，也会为失败者感到骄傲，因为在科技研发和公司运营中存在很高的风险，失败在所难免。从失败中汲取教训，探索更有效的途径，正是以色列人的前进之路。

3.2.4　政府的“后台服务器”作用

在以色列，政府把创新作为整个国家发展战略的重中之重，为激励、扶植创新实施了诸多政策和措施。

政府引导风险投资。以色列政府在扶持人才创新创业中发挥了积极作用，特别是在发展国内风险投资中发挥了积极作用，通过政府股权投资于混合资本，从而撬动了大量海外投资基金及国内民间资本的进入。以色列设立的Yozma（希伯来语，首创的意思）项目，就是政府出资 1 亿美元创建的10个风险资本基金，每份基金都必须由三方代表组成：接受培训的以色列风险资本家、一家国外的风险资本公司以及一家以色列投资公司或银行。Yozma项目的思路是这样的：政府借钱给创业者投资，如果失败了，创业者一分钱也不用还给政府；但是，如果创业者赚了大笔的钱，只需要把最初的投资再加上每年的利息还给政府。1992—1997年，Yozma创建的基金在政府的资助下筹集到2亿多美元的资金，这些基金在5年之内都被出售或民营化了。今天，Yozma基金拥有大约30亿美元的资金，为数百家以色列新成立的公司提供资金支持。

以色列创新的成功，还得益于政府科研部门、大学科研团队与企业研发部门的紧密合作、优势互补。以色列于1993年推出“磁铁计划”，鼓励实业集团与学术机构通力合作，共同开发关键的通用技术。“磁铁计划”的每个项目由企业、科研机构成员共同承担，周期为3～6年。“磁铁计划”包括两个层次：一是技术研发渠道，由来自企业和科研机构的成员合作研发下一代产品的共性技术；二是分配和执行渠道，由同行业部门或拥有相似技术的成员组成，研究该项目技术的未来应用、开发和推广。“磁子计划”是“磁铁计划”的一个分支，主要面向急需技术支持的小企业，鼓励学术机构与企业之间一对一的合作，推动新技术从学术机构向产业化转移。通过实施“磁铁计划”等一系列政策措施，以色列“产、学、研”密切合作、优势互补，不断促进着以色列科学技术的创新发展。

同时，以色列政府还积极推进国际创新合作。统计显示，以色列科研经费的近50%源于国外，而且还从国外引进了大量的创新技术和创新性人才。

积极推动与其他国家的科研开发合作。政府大力帮助高科技公司进行跨国研发并成立合资企业；以色列政府还积极拓展对外研发创新合作渠道，与其他国家建立一系列科学研究基金会。

从移民中发掘大量人才。政府推出一系列福利优惠措施，为优秀人才的科研、住房、子女教育等创造良好的条件，以留住或吸引人才。

大力引进，改造国外先进技术。以色列在引进技术方面采取的做法通常是在一些重大项目上与友好国家合作攻关。

3.2.5　对我国的启示和借鉴

借鉴以色列经验，我国要实施创新驱动发展，要坚持以企业为主体、市场为导向，充分发挥政府的服务保障功能，探索开放式创新、多主体系统创新等各种创新机制和创新模式。政府要激发企业自主创新的活力，为企业创新提供保障，并进行风险分担、资金保障、人才激励、财税金融扶持、良好创新生态系统的构建等，促进人才、知识、资本等要素的有机结合，促进“政、产、学、研”的有机结合，充分释放全社会的创新创业潜能。

3.3 瑞典："以人为本"的创新国度

3.3.1 创新国度，独领风骚

瑞典地处北欧，虽然国土狭小、资源贫乏，却是世界上最发达的国家之一。瑞典有着“创新之国”的美誉，长期在全球最有创造力的国家排名中位居前列。瑞典在经济、科技等领域具有令人瞩目的成就，拥有爱立信、宜家、沃尔沃等世界名牌。在瑞典，一个个非常有趣的创新项目令人目不暇接。温度计、安全火柴、三点式安全带、网络语音聊天工具 Skype、卫星导航系统 GP&C，等等。这一连串的发明深刻地影响着很多人的日常工作与生活。毫不夸张地说创新是瑞典企业成功的秘诀和前进的动力。

从 1901 年 12 月 10 日瑞典国王和挪威诺贝尔基金会首次颁发诺贝尔奖以来，从“安全”火柴到“世界上最安全”的沃尔沃（VOLVO）汽车，瑞典人共获得了 32 项诺贝尔奖，一个个奇思妙想层出不穷，所有这些都值得人们对这个国家肃然起敬。瑞典人已经把发明和创新融入了自己的日常生活，难怪人们把瑞典称为“创新之国”，将其首都斯德哥尔摩誉为“科幻小说中的科学城”。

根据 2018 年的全球创新指数排名，瑞典位居第三，仅次于瑞士和荷兰。欧洲专利局 2018 年确认了近 2000 项瑞典发明，相关数据显示，瑞典是欧洲提交新发明最多的国家之一。

瑞典政府一直非常注重科学创新，2001 年还专门成立了瑞典国家创新局。以创新为核心成立一个专门的部门，这在全世界也是不多见的。瑞典重视创新，投入巨大，每年有 3% 的 GDP 用于研发，这一比例稳居世界前列。很多政府机构都会资助和配合研究工作，共同开发新的产品和服务。

3.3.2 以人为本全面创新

在瑞典的口语中是没有“人才”这个词的，瑞典社会不强调个人突出，创新是整个民族的文化，就像空气和水一样融入整个社会体系和个体当中。所以说“以人为本”是瑞典创新的一大特色。瑞典的设计和创新以人为本，关注人们的生活需求，有大量贴近生活的发明，如为椅子设计带弯曲的椅背、沃尔沃的三点式助听器，以及风靡全球的全自动吸尘器，这些创新渗入人们生活的各个方面，为人们的生活带来了极大的便利。

由于是人性驱动，瑞典创新涉及几乎所有领域，覆盖面极其广泛，如摄式温标、扳手、拉链、安全火柴、宜家、H&M、爱立信、ABB、沃尔沃、伊莱克斯、无菌纸包装、心脏起搏器、滚珠轴承、汽车安全带、电冰箱、吸尘器、伽马刀、现代电话交换机、移动电话通信技术、网络电话Skype、鼠标、SPOTIFY、tobii、英孚教育，哈苏相机，等等。瑞典的音乐、体育、军工、大学科研等，也都活跃在世界创新的最前沿。

瑞典长期走在创新的前沿，世界上许多至关重要的发明创造都源于瑞典，其迅猛的创新劲头始终有增无减。2009—2012 年，为了增强瑞典的竞争优势，瑞典政府史无前例地增大了对研发和创新的投资，为研究和创新拨款50 亿克朗，该数目是之前预算的两倍。在研究预算框架内，瑞典政府还选择了对以下三大领域进行战略性投资：医学和生物科学、科技、气候。欧洲创新排行报告（EIS）显示，瑞典凭借高科技跨国企业，如爱立信、ABB、阿斯利康、萨博、斯堪尼亚、沃尔沃等公司的创新贡献，于 2008 年跃居该排行榜榜首，成为最具创新精神的欧盟国家。

瑞典以人为本的创新特点，从其企业文化中就能看出。

从小处出发的创新。一谈到创新，人们往往想到重大的变革。实则不然。务实的瑞典人知道，在细小渐微的改进中，就可能带来巨大的变化。让衬衫厂制造椅子靠垫，让门窗厂打造桌子框架，晴天的时候把雨伞价格抬高，而下雨的时候再打折出售。这些已带上宜家家居印记的“逆向思维”，其实并不是什么重大的发现，却不仅为宜家家居带来了丰厚的利润，还将这种习惯贯穿于宜家的生产和销售过程中。

主人翁意识，这是瑞典式创新的基石。平等、参与、分享是瑞典人普遍提倡的精神。瑞典企业形成了共同决策过程，团队成员共享蓝图，并在得到公司认同的前提下产生正确的决策。任何人和事都依附于环境而存在，一项成果可以是集体智慧，可以是组织赋予的物质支持，也可以是系统或文化。瑞典的企业非常强调这一点。

大胆授权，鼓励员工犯错。虽然授权一直是管理学著作里的重要篇章，但如何授权，依然是难以界定的事情。试想，如果你的老板对你说："你可以每天犯一个错误。"你很可能会很吃惊。如果你的老板是瑞典人，你就大可不必吃惊了。做的事情越多，犯错误的可能性越高；不做事就不会犯错误。这个逻辑看似简单，但对很多管理者而言，却往往在不知不觉中成为他们的误区——为了保证决策或执行的"准确性"而使权力集中。事实上，这导致了员工缺少主人翁精神，缺少集体感。许多瑞典公司都允许员工犯错。只要不是重复相同的错误，员工就不会因犯错而受罚。只有敢于犯错，才可能有涉足新领域、尝试新方法的勇气。犯错不仅是冒险的过程，也是公司创新的良机。

除了浓厚良好的创新文化氛围，瑞典的政府和企业也非常注重创新。

"产、学、研"长期联手合作。瑞典有许多私营或国有企业和机构联手与学术团体合作，目的是共同开发新的产品、服务项目和运行模式，从而为可持续发展做出长远的贡献。

重视跨学科研究。瑞典的研究人员越来越多地参与跨学科的项目，在能源系统开发项目上，瑞典能源署和林雪平大学、乌普萨拉大学、查尔姆斯理工大学和瑞典皇家理工大学的研究团队正在共同致力于可持续、节约型能源系统的长期开发。

培养瑞典企业的创新文化。瑞典是世界上最具创新力的国度，瑞典在创新领域的投资占 GDP 的比重较高，瑞典企业更加注重研发并关注所产生的商业价值。

瑞典因创新而保持了持续发展的动力和竞争力。

3.3.3　对我国的启示和借鉴

构建浓厚良好的创新文化氛围，激发全民众的创新创业热情，这与现在我国大力推行“大众创业、万众创新”的目标是一致的。除了创新文化氛围的营造，我国还可以借鉴瑞典的一些创新举措，如“产、学、研”的有机合作。

3.4　日本：“智慧社会 5.0”引领国家再创新

3.4.1　应对挑战“智慧社会 5.0”的提出

在日本国内，少子化、老龄化、劳动力短缺、生产不振等因素在供给和消费两个方面侵蚀着日本经济增长的潜力。近 20 年，日本劳动人口规模缩减，之前的人口红利也转为人口赤字，日本因此陷入了长久的通货紧缩之中。目前，日本是发达国家中老龄化程度最严重的国家之一，已经步入超老龄化社会。未来，日本的人口少子老龄化问题有进一步加重的趋势。随着适龄劳动人口的减少，日本国内消费低迷，经济活力消减，税源收缩，养老、医疗、护理等社会保障开支剧增，日本政府的财政压力因此迅速增大。同时，老龄化也被视为导致日本劳动生产率急剧下降的原因之一。除了老龄化危机之外，日本实现可持续发展还面临着能源资源匮乏、基础设施老化、自然灾害频发等一系列社会问题。

国际上，在国际金融危机发生后，主要发达国家实施再工业化战略，新科技、新产业不断涌现，世界经济经历了危机后的深度调整阶段后，迎来新科技革命和新产业革命的蓬勃兴起。当前，物联网、机器人、人工智能、生物医学、新材料、3D 打印等技术方兴未艾，新科技技术的进步催生了新的产业和商业模式，拓展了产业体系的边界，给人们的生活方式带来重大改变，这使日本看到了新的机遇。日本意图抓住新科技革命和产业革命的机遇，在提高劳动生产率、重塑本国产业竞争优势的同时，利用智能化手段解决国内一系列困扰社会经济发展的难题。继美国实施“先进制造业伙伴计划”、德国发布“工业 4.0”、中国出台“中国制造 2025”等重大战略后，素以产业政策见长的日本自然不甘落后，2016 年 1 月 22 日，日本推出了《第五期科学技术基本计划（2016—2020）》，提出日本要在国际化、开放的创新体系中展开竞争与协调，构建最大限度地发挥各创新主体能力的体制框架，以制造业为核心，灵活利用大数据、物联网等信息通信技术，在世界率先构建能够实现经济发展与社会问题同步解决的新型社会经济形态——“超智慧社会”。

3.4.2 超智慧社会 5.0 的内涵

在日本《第五期科学技术基本计划（2016—2020）》中，超智慧社会被定义为能够精细化地应对社会的各种需求，将所需的物品和服务在所需之时按所需之量提供给所需的人，超越年龄、性别、地区、语言等差异，使每个人都能享受到高质量的服务和一个充满活力、适宜生活的社会。该计划的主要意图是最大限度地应用信息通信（ICT）技术，通过网络空间与物理空间（现实空间）的高度融合，给人带来富裕的“超智慧社会”。

“社会 5.0”寓意继狩猎社会、农耕社会、工业社会、信息社会之后，科学技术创新引领社会变革所诞生的新型社会。

日本超智慧社会的政策涉及的范围宽广，实现的最终目标是立足于整体经济社会的。超智慧社会政策不仅要提升核心产业的竞争力，还要实现国民生活的智能化。超智慧社会将用物联网（IoT）、机器人、人工智能（AI）、大数据等技术从衣、食、住、行等方面提升生活的便捷性，提高对灾害的防御和应对能力，培养高素质专业人才，解决少子高龄化、环境和能源等社会课题，最终将日本建设成为一个富裕且有活力的社会。

日本将超智慧社会更名为“社会 5.0”具有全球标志性意义。相较于“工业互联网”和“工业 4.0”的前瞻性，其意在强调从解决社会问题出发，将劣势变为机遇，实现社会和经济同步发展。相比经济追赶时期国家创新系统的封闭性而言，超智慧社会强调协同创新的开放性，强调用户与厂商间的纵向联系，强调构建不断学习的社会体系，是全方位进化的系统。

3.4.3 政府引导新一轮科技革命和产业革命的战略布局

超智慧社会的核心硬件是各种高质量的传感器，软件系统则涵盖物联网、大数据、云计算、人工智能等新科技革命的主导技术，通过对生产、流通、销售、运输、医疗卫生、金融、公共服务等领域积累的海量数据进行收集和分析，实现跨企业、跨行业、跨领域的智能化应用，创造新价值和新服务。然而，超智慧社会需要统一协调的系统平台做支撑，不可能一蹴而就。经常升级所构筑的平台，在催生新业态、精准满足多样需求的同时，能确保平台和单个系统都拥有日本独有的特长，以确保其优势地位。为此，日本从国家层面做出了以下举措：

在相关府省的联合下，推进关于超智慧社会服务平台技术、接口等的知识产权战略和国际标准化战略；

进一步强化构筑超智慧社会服务平台所需的基础技术和作为单个系统新价值创造核心的日本强项技术；

促进打包出口已经达成课题目标并完成实证的系统，为日本创造全新的全球商务模式；

培养能够活用超智慧社会服务平台创造新价值新服务和构筑全新商业模型的人才，发掘拥有数据分析、编程等基本知识且能将大数据、人工智能等基础技术灵活用于发现和解决新课题的人才。

构筑超智慧社会服务平台需要一系列的基础技术，这对于日本率先建成超智慧社会而言是不可或缺的。为此，日本政府优先强化虚拟空间中关于信息流通、处理和存储的技术：

符合信息与通信技术从设计到废弃生命周期长的特征、支撑安全信息通信的“网络安全技术”；

实现硬件和软件组件化和大型系统构筑应用等的“信息与通信技术系统构筑技术”；

从包括非结构化数据（Unstructured Data）在内的多种多样的大数据中挖掘知识价值的“大数据分析技术”；

支撑信息与通信技术、大数据分析和智能交流的“人工智能技术”；

在低耗电的状态下实现高速实时处理大数据的“设备技术”（Device Technology）；

实现大容量和高速流通大数据的“网络技术”；

实现升级物联网所需的现场系统实时处理高速化和多样化的“边际计算”（Edge Computing）；

此外还有支撑上述基础技术、横跨所有科学技术领域的数理科学，要留意一方面强化与各技术研究开发的合作，另一方面强化人才培养。

通过将日本优势技术的组件与各系统要素进行组合，能够确保日本的优势地位，创造满足日本国内外经济社会多样需求新价值的系统，从国家层面谋求强化：

有望在交流、福利和工作支持、制造业等众多领域灵活应用“机器人技术”；

从人和所有“物”收集信息的“传感技术”；

让虚拟空间中的信息处理和分析结果在现实世界发挥作用的机械构造、驱动、控制的“执行器技术”（Actuator Technology）；

为传感技术和执行器技术带来革新的“生物技术”；

灵活应用增强现实、感性工学（Kansei Engineering）、脑科学等的“人体界面技术”（Human Interface Technology）；

创新性结构材料、新机能材料等通过升级各种组件来使系统形成差异化的“材料和纳米技术”；

创新性测量技术、信息和能源传输技术、加工技术等通过升级各种组件来使系统形成差异化的“光和量子技术”；

此外，将多个基础技术有机结合会促进技术发展，因此要充分留意技术之间的联合和整合，例如，将人工智能和机器人联合，通过人工智能的识别技术来提升机器人的运动能力。

3.4.4　日本创新对我国的启示

日本的超智慧社会旨在将人类社会、物理空间和信息空间充分融合，通过虚拟网络和实体网络的相互协调，实现人类在社会各领域的精准控制。从日本超智慧社会战略的实现举措来看，日本极为重视社会各领域的数据开放和流通。以网络为代表的新一代信息技术是智慧社会建设的关键技术，大数据、物联网、云计算等技术的发展非常重要，在智能制造、智慧城市等领域具有广阔的应用前景。日本的超智慧社会战略对我国未来科技的发展、技术的研发对象等都具有可以参考的意义。日本的超智慧社会理念意味着日本经济发展向着以人为中心转型。科学技术的发展是基础，最终目的还是要为人类服务。科技创新促进经济、社会同步发展，帮助解决经济社会问题，让所有的人都能够享受科技创新带来的舒适、便利的生活。

3.5 英国："成"也创新，"败"也创新

3.5.1 成也创新

第一次工业革命发源于英国。工业革命首先出现于工厂手工业最为发达的棉纺织业。1733 年，约翰·凯伊发明了飞梭，提高了织布速度；1764 年，哈格里夫斯发明了珍妮纺纱机。珍妮纺纱机的出现首先在棉纺织业中引发了发明机器、进行技术革新的连锁反应，揭开了工业革命的序幕。此后，在棉纺织业中出现了骡机、水力织布机等机器。不久，在采煤、冶金等许多工业部门也都陆续有了机器生产。

随着机器的增多，人类生产发展对于动力的需求提到日程上来。1785 年，瓦特制成的改良型蒸汽机投入使用，大大推动了机器的普及和发展。人类社会由此进入"蒸汽时代"。

随着机器生产的普及，为了更好地进行生产管理、提高效率，工厂这一新兴的生产组织形式出现了，工厂成为工业化生产的主要组织形式，发挥着日益重要的作用。

机器生产的发展，促进了交通运输业的革新，新的交通工具出现了。1807 年，美国人富尔顿制成以蒸汽为动力的汽船；1814 年，英国人史蒂芬孙发明了蒸汽机车；1825 年，英国人发明的火车机车试车成功。人类的交通运输进入一个以蒸汽为动力的时代。

1840 年前后，英国的大机器生产已经基本取代工场手工业，工业革命基本完成，英国成为世界上第一个工业国家。工业革命不仅促进了英国的经济社会发展，而且直接导致纺织、煤炭、冶金等近代工业的兴起，使全世界的生产力得到了极大提高。

良好的社会和政治条件、科学文化的进步、资本积累等促进了第一次工业革命率先在英国爆发。英国在第一次工业革命中取得了巨大的成就。据统计，1850 年，英国的金属制品、棉纺织品等产量占到世界产量的一半，煤炭产量占世界的 2/3，造船业、铁路等位居世界首位；1870 年，英国的工业产量占全球比重的 31.8%，美国占 23.3%，德国占 13.2%，法国占 10%。英国的成就不仅表现在工业生产上，在工业革命前后两个世纪的时间内，英国还是全球的科技创新中心。

3.5.2　故步自封缺乏创新

但自从第二次世界大战结束后，不管是经济增长，还是科技进步，英国都开始步入下滑的轨道。最终“日不落帝国”丧失了世界霸主的地位，让位于美国。如同英国在第一次工业革命中领先地位的确立一样，英国在第二次工业革命中落伍也是多方面原因导致的。

经济增长模式对新技术的排斥

在第一次工业革命前后，英国作为全球最大的殖民国家，其经济增长在很大程度上依赖于大规模的海外扩张，不断从殖民地获取各种廉价资源，加工成成品后再销往殖民地，这种资源输入和商品输出、资本输出相结合的模式为英国积累了大量资本，但企业也逐渐丧失了采纳新技术、购买新设备的积极性，导致英国生产率的增长停滞不前。对传统增长模式的固守导致英国虽然在科学技术方面取得了大量成就，却没有转化为商业应用。例如，英国人亚历山大·格雷厄姆·贝尔于1876年发明了电话，电话却没有在英国得到广泛应用，而是首先在美国实现了大规模商业化；亚历山大·弗莱明于1928年发明了青霉素，仍然是在美国首先得到了产业化、商业化运用，类似的还包括雷达系统、喷气式发动机等。

忽视新兴产业发展，热衷资本输出

英国奉行自由放任的市场经济原则，资本家只关注是否可以获得丰厚的利润，只要传统产业可以继续为资本家带来显著的收益，那么就没有人愿意花费大量投入进行固定资产的更新，先进技术的应用和推广的速度很慢，这种路径依赖特点严重阻碍了英国企业家对新的生产技术的渴望，如英国在钢铁、有机化学、电力等新兴行业中的投资不足，发展缓慢。

英国资本家在忽视新兴产业发展的同时，还热衷于对其他国家进行资本输出。在英国金融机构的扶持之下，英国的企业家不断加快海外拓展的步伐，向许多国家提供信贷，在短期赚取了较高的收益，而此时的德国和美国则大力开展对外直接投资。

社会体系的僵化

19 世纪中期，英国本可以继续保持在技术上的领先地位，但不管是政府还是企业，都未能采取有效行动。究其根本，社会体系走向僵化是一个重要原因。

社会体系的僵化体现在多个方面：第一，与美国等国相比，企业家精神在英国发育迟缓，这与因自由贸易导致的英国对海外市场的依赖有着直接关系；第二，陈旧的企业管理模式也是导致英国逐渐落后于美国和德国的重要原因，美国和德国的企业因受益于管理职业化而不断扩大企业的规模和效率，而英国的企业管理模式仍长期保持传统形态，难以扩大规模进而难以实现规模收益；第三，也是最为重要的一点，英国在 19 世纪的教育改革未能适应新技术革命的要求，如英国奉行绅士化教育传统，采用非全日制和在职教育模式，难以适应新技术革命对人才的需求。

3.5.3 锐意改革不断创新

近 20 年来，英国政府明确将科学和创新列为英国长期经济计划的核心，加大投入，锐意改革，紧锣密鼓地集中和整合科技资源。经济与社会的多重需求、国力竞争的紧迫感以及科学自身的新特点都促使这个以科学传统为荣的国家投入到一场世界科技竞赛当中。

2007 年，时任布朗政府改组教育与技能部，成立了一个新的创新、大学与技能部。该部门提出要最大限度地利用研究基础来支持所有部门的创新，整合了原贸易与工业部和大学的科学研究资源，建立起一个开放活跃的知识经济体系。两年后，创新、大学与技能部与商务、企业与改革部合并，成立了新的商务、创新与技能部。

2011 年年底，英国商业、创新与技能部发布了《促进增长的创新与研究策略》，计划在原有的创新举措上，进一步推动创新和研究，并明确了大力发展生命科学、高附加值制造业、纳米技术和数字技术的方向。

2014 年年底，英国商务、创新和技能部制定了国家科技战略，发布了《我们的增长计划：科学和创新》战略文件，计划未来 5 年投资 59 亿英镑用于科学发明和技术创新。

3.5.4　英国科学和创新之路

2014 年英国发布的科学和创新战略文件表明英国未来把科学和创新置于英国长期经济发展计划的核心位置，该战略以卓越、敏捷、合作、地点和开放为原则，以优先重点、人才培养、科研设施、一流研究、刺激创新和国际化为战略要素，总结近期已有行动，并提出了一批新的重点任务。

确定创新优先重点。创新重点的确定非常重要。通过“政、产、学”通力合作，实现新兴主题、新兴机遇和新兴挑战的情报共享，通过远景扫描和技术预见确定关键问题和优先重点，包括大数据和高能效计算、合成生物学、再生医学、农业科技、能源及储能、先进材料及纳米技术、机器人及自治系统、卫星及航天技术应用。英国政府近来向八大新兴技术投资 6 亿英镑，向石墨烯投资 9000 万英镑，向量子技术投资 2.7 亿英镑。英国政府还与产业界合作，就创新密集型产业制定了产业战略。

完善人才机制。人才是创新的保障，为了确保科学和创新界继续吸引和培养精英，英国政府提出了一系列措施，支持、培养和输送最出色的人才。英国政府在中小学教育、职业教育、高等教育以及职业发展等方面采取措施，除了政策性支持，还投入了大量的资金支持。

加大科研基础设施建设。一流的科学研究离不开现代科研基础设施。英国政府承诺2016—2021年投入59亿英镑用于科研资产支出。这是英国数十年来时间跨度最长的科研资产投资承诺。

科学与创新日益国际化，科学与创新战略也必须具有全球性。英国政府出资建设全球性大型科研基础设施。最近几十年来，国际设施的规模和范围增大、成本增加。不断促进英国在全球合作网络中成为关键伙伴。鼓励英国机构和企业重视和接触欧洲及全球范围内的知识及合作网络。出台政策，吸引外来投资，支持国际贸易。通过5年投资3.75亿英镑的牛顿基金，英国将利用其科学及创新实力，帮助伙伴国促进经济发展、提高社会福祉。通过开展双边或多边计划，英国还将打造牢固、可持续、系统化的联系，进而使英国的科学基础和创新体系继续保持卓越，并为双边或多边合作和贸易开启更大的机遇。

3.5.5 英国创新对我国的启示

唯有不断创新，才能使国家在竞争日益激烈的全球角逐中立于不败之地。英国的创新发展对我国的经济发展具有借鉴和启示意义。发挥政府在“产、学、研”联合创新中的引导和保障作用。资金支持、社会宣传、政策引导等一系列政策激发全社会的创新热情，保障创新活动的进行，形成有效的监督机制。完善人才机制，通过建立完善的教育机制，提高我国教育水平，培养大量的高素质人才，并且形成良好的创新和人才引进环境，吸引更多的人才回到中国，来到中国进行创新创业。另外，还要完善科研人员的薪酬和福利体系，推动学者们参与到“产、学、研”的和推广活动中。

第四章 “双创”是建设创新型国家的中国方案

路漫漫其修远兮，吾将上下而求索。

——屈原《离骚》

党中央始终强调把创新摆在国家发展全局的核心位置。步入高质量发展的新阶段，中国对创新的需求比以往任何时期都更加迫切，对创新的认识比以往任何时期都更加深刻。创新创业是社会进步的永恒动力。创新是引领发展的第一动力，是我国建设现代化经济体系的战略支撑。推进“大众创业、万众创新”是发展的动力之源，也是富民之道、公平之计、强国之策，对于推动经济结构调整、打造发展新引擎、增强发展新动力、走创新驱动发展道路具有重要意义，是稳增长、扩就业、激发亿万群众智慧和创造力，促进社会纵向流动、公平正义的重大举措。

4.1 “双创”是建设创新型国家的重要引擎

4.1.1 “双创”概念的提出

在 2014 年的夏季达沃斯论坛开幕式上，中国国务院总理李克强发表重要致辞，指出“只要大力破除对个体和企业创新的种种束缚，形成‘大众创业、万众创新’的新局面，中国发展就能再上新水平”。继而在 2015 年两会政府报告中，李克强总理再次提到“把亿万人民的聪明才智调动起来，就一定能够迎来万众创新的新浪潮”。由此“大众创业、万众创新”的新浪潮开始引发公众关注，成为新常态下经济发展的“双引擎”之一，也成为 2015 年热点事件之一。

2015 年中国政府工作报告首次提出制定“互联网 +”行动计划。“互联网 +”代表一种新的经济形态，即充分发挥互联网在生产要素配置中的优化和集成作用，将互联网的创新成果深度融合于经济社会各领域之中，提升实体经济的创新力和生产力，形成更广泛的以互联网为基础设施和实现工具的经济发展新形态。

创新 2.0 时代的“大众创业、万众创新”，本质上是知识社会条件下创新民主化的展现。随着新一代信息技术所带来的知识获取、知识交互的便易性，众创空间的主体也由原来的企业、科学家变为普通大众。作为开放众创空间参与主体的普通大众，他们既是追求卓越的技术创新者，也是具有创新潜力，解决社会问题的普通创新者，是拥有社会情怀的社会创新者。麻省理工学院的 Fab Lab（微观装配实验室网络）、欧盟的 Living Lab（生活实验室）以及中国的 AIP（“三验”应用创新园区）作为早期典型的众创模式探索，揭示了面向创新 2.0 的协同创新在创新生态构建与发展中的重要作用。

创新 2.0 时代的用户创新推动了创客运动，用户创新的涌现及其协同创新、开放创新发展进一步推动了大众创新，为“大众创业、万众创新”提供了丰厚的土壤。没有社会创新提供的动力源泉、众创文化的土壤和开放众创空间创新生态的培育，“大众创业、万众创新”以及众创空间的发展只能是无源之水、无本之木，这是国际化经验给我国的启示。中国“双创”的蓬勃发展以及体验、试验、检验“三验”众创机制与众创平台的探索和完善是持续推进众创的关键，是以城域开放众创空间推进创新 2.0 时代智慧城市建设的新探索，是国际化经验中国本土化实践的新发展。把握创新 2.0 时代的协同创新发展机遇，通过

“三验”众创机制建设，培育众创文化和创新生态，可以促进从创客到众创的发展，推动创客运动及“大众创业、万众创新”的可持续发展，这是中国经验的国际化贡献。

4.1.2 “双创”掀起经济转型高潮

推动“双创”是符合我国国情的重大战略。“双创”是基于我国经济进入新常态的发展需求，致力于打造经济发展的新动能。“双创”是国家从传统的发展方式向依靠创新驱动发展探索的一条新路径。“双创”将创新与创业结合，用创业刺激创新，用市场需求引导创新，实现“产、学、研”的融合。

推进“双创”是培育和催生经济社会发展新动力的必然选择。随着我国资源环境约束的日益强化，要素的规模驱动力逐步减弱，传统模式的高投入、高消耗、粗放式发展方式难以为继，经济发展进入新常态，需要从要素驱动、投资驱动转向创新驱动。推进“大众创业、万众创新”，就是要通过结构性改革、体制机制创新，消除不利于创业创新发展的各种制度束缚和桎梏，支持各类市场主体不断开办新企业、开发新产品、开拓新市场，培育新兴产业，形成小企业“铺天盖地”、大企业“顶天立地”的发展格局，实现创新驱动

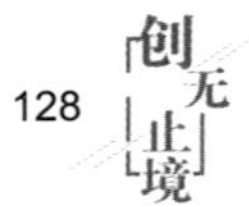

发展，打造新引擎、形成新动力。

推进“双创”是扩大就业、实现富民之道的根本举措。我国有13亿多人口、9亿多人口的劳动力，每年高校毕业生、农村转移劳动力、城镇困难人员、退役军人数量较大，人力资源转化为人力资本的潜力巨大，但就业总量压力较大。推进“大众创业、万众创新”，就是要通过转变政府职能、建设服务型政府，营造公平竞争的创业环境，使有梦想、有意愿、有能力的科技人员、高校毕业生、农民工、退役军人、失业人员等各类市场创业主体“如鱼得水”，通过创业增加收入，让更多的人富起来，促进收入分配结构调整，实现创新支持创业、创业带动就业的良性互动发展。

推进“双创”是激发全社会创新潜能和创业活力的有效途径。目前，推进“大众创业、万众创新”就是要加强全社会以创新为核心的创业教育，弘扬“敢为人先、追求创新、百折不挠”的创业精神，厚植创新文化，不断增强创业创新意识，使创业创新成为全社会共同的价值追求和行为习惯。

创新是社会进步的灵魂，创业是推进经济社会发展、改善民生的重要途径，创新和创业相连一体、共生共存。

近年来，“大众创业、万众创新”蓬勃兴起，催生了数量众多的市场新生力量；促进了观念更新、制度创新和生产经营管理方式的深刻变革；有效提高了创新效率、缩短了创新路径，已成为稳定和扩大就业的重要支撑、推动新旧动能转换和结构转型升级的重要力量；同时，“大众创业、万众创新”正在成为中国经济行稳致远的活力之源。

“双创”带来的一个直接变化是带动了就业。就业始终是经济社会生活中的一件大事，而且是一件关乎民生、涉及每个家庭的大事。无论是家庭还是个人，一般习惯于找工作，但近两三年来，“找工作”正在越来越多地被“创业”这个词所代替，各地出现了很多创业公司。这几年，我国面对就业总量的压力，推进供给侧结构性改革，就业始终保持了一定的增长率，每年都完成了城镇新增就业的目标。可以说，这与“双创”是分不开的。“大众创业、万众创新”是经济社会发展的新引擎，把创业和就业结合起来，以创业创新带动了就业。

“双创”促进了社会发展环境的积极变化。创业需要环境，创新需要支撑。在推进“双创”的过程中，各地都把创业环境建设当作重点，因地制宜，出台了很多有针对性的政策措施。自“双创”实施以来，创业准入环境宽松了，工商营业执照、组织机构代码证、税务登记证“三证合一”深入推广，一批制约经济发展、束缚企业活力等行政许可事项取消了；创业投融资的渠道不断拓宽；企业减税降费的力度加大了。创客、创业园等各种形式的创业平台，正在丰富我们的经济社会生活。这些措施不仅营造出创业创新的良好环境，也改善了经济社会的发展氛围。

“双创”也使一批人才脱颖而出。“双创”活动激发起社会各个领域的创业创新热情。如今，不仅大学生创业风行各地，农民工和其他社会群体也加入创业创新的潮流中来。与此同时，很多科技工作者在创新的过程中，取得了骄人的成绩。在农村，数百万名农民工回到家乡创业的新闻屡见不鲜。虽然只有两三年时间，但一些创业者已经逐步成长为企业家。人始终是社会发展的重要因素，而创业、创新让一批不同层次、不同行业的人才成长起来。他们正在成为推动经济转型升级的主力军。

图 4-1 所示的是我国 2000—2017 年国家创新指数的变化图，这些年我国的创新指数稳步上升，国家创新能力不断提高。“双创”的实施对提高我国创新能力，缩短与创新能力强国间的距离意义重大。

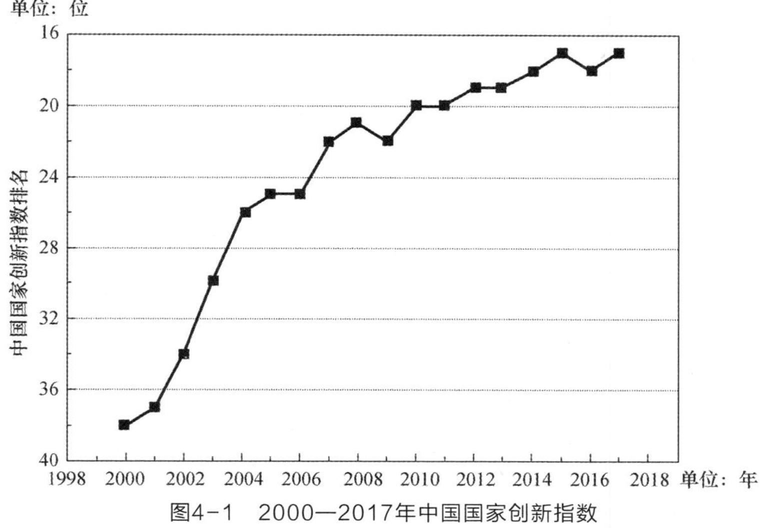

图4-1 2000—2017年中国国家创新指数

4.1.3 “双创”政策不断推陈出新

“双创”已成为经济发展的重要引擎，国家一再推出优惠政策，支持“双创”。

为加快实施创新驱动发展战略，适应和引领经济发展新常态，顺应网络时代“大众创业、万众创新”的新趋势，加快发展众创空间等新型创业服务平台，营造良好的创新创业生态环境，激发亿万群众的创造活力，打造经济发展新引擎，2015 年 3 月 2 日，国务院办公厅发布了《关于发展众创空间推进大众创新创业的指导意见》。该指导意见提出了“双创”的八项重点任务。**第一，加快构建众创空间。**总结推广创客空间、创业咖啡、创新工场等新型孵化模式，充分利用国家自主创新示范区、国家高新技术产业开发区、科技企业孵化器、小企业创业基地、大学科技园和高校、科研院所的有利条件，发挥行业领军企业、创业投资机构、社会组织等社会力量的主力军作用，构建一批低成本、便利化、全要素、开放式的众创空间。**第二，降低创新创业门槛。**深化商事制度改革，针对众创空间等新型孵化机构集中办公等特点，鼓励各地机构结合实际，简化住所登记手续，采取一站式窗口、网上申报、多证联办等措施为创业企业工商注册提供便利。有条件的地方政府可对众创空间等新型孵化机构的房租、宽带接入费用和用于创业服务的公共软件、开发工具给予适当财政补贴，鼓励众创空间为创业者提供免费高带宽互联网接入服务。**第三，鼓励科技人员和大学生创业。**加快推进中央级事业单位科技成果应用、处置和收益管理改革试点，完善科技人员创业股权激励机制。**第四，支持创新创业公共服务。**综合运用政府购买服务、无偿资助、业务奖励等方式，支持中小企业公共服务平台和服务机构建设，为初创企业提供法律、知识产权、财务、咨询、检验检测认证、技术转移等服务，促进科技基础条件平台的开放共享。**第五，加强**

财政资金引导。通过中小企业发展专项资金，运用阶段参股、风险补助、投资保障等方式，引导创业投资机构投资于初创期科技型中小企业。**第六，完善创业投融资机制**。发挥多层次资本市场作用，为创新型企业提供综合金融服务。**第七，丰富创新创业活动**。鼓励社会力量围绕“大众创业、万众创新”组织开展各类公益活动。**第八，营造创新创业文化氛围**。积极倡导敢为人先、宽容失败的创新文化，树立崇尚创新创业致富的价值导向，大力培育企业家精神和创客文化，将奇思妙想、创新创意转化为实实在在的创业活动。

为了营造良好的创新创业生态环境，2015 年 3 月 12 日，国务院办公厅发布了《关于发展众创空间推进大众创新创业的指导意见》，旨在构建众创空间等创业服务平台激发全社会创新创业活力；在坚持市场导向、加强政策集成、强化开放共享、创新服务模式的基本原则下，到 2020 年，形成一批有效满足大众创新创业需求，具有较强专业化服务能力的众创空间等新型创业服务平台；培育一批天使投资人和创业投资机构，投融资渠道更加畅通；孵化培育一大批创新型小微企业，并从中成长出能够引领未来经济发展的骨干企业，形成新的产业业态和经济增长点；创业群体高度活跃，以创业促进就业，提供更多高质量就业岗位；

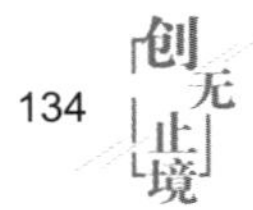

创新创业政策体系更加健全，服务体系更加完善，全社会创新创业的文化氛围更加浓厚。

2015 年 6 月 11 日，国务院出台了《关于大力推进大众创业万众创新若干政策措施的意见》，在总结国内外成功做法和经验、整合现有相关政策的基础上，提出了近百条政策措施。推进“大众创业、万众创新”要坚持政府营造环境与市场导向相结合，政府重点在营造创业创新环境方面下功夫，建立健全创业创新的生态环境，培育人才、资金、技术、信息等创新要素，有效发挥市场配置资源的作用，使大众创业和创新实践起来更加顺畅，真正形成新的经济增长点和转型发展新引擎；市场主体则根据市场需要，自主创业创新，在竞争中优胜劣汰，对其投资收益和风险负责。该意见从以下九个方面给出了指导意见：**创新体制机制，实现创业便利化；优化财税政策，强化创业扶持；搞活金融市场，实现便捷融资；扩大创业投资，支持创业起步成长；发展创业服务，构建创业生态；建设创业创新平台，增强支撑作用；激发创造活力，发展创新型创业；拓展城乡创业渠道，实现创业带动就业；加强统筹协调，完善协同机制。**

2016 年 2 月，国务院常务会议部署建设“双创基地”，李克强总理于 2016 年 4 月 20 日主持召开常务会，决定建设一批“大众创业、万众创新”示范基地。2016 年 5 月 12 日，国务院办公厅印发《关于建设大众创业万众创新示范基地的实施意见》，力争用三年时间围绕打造“双创”新引擎，统筹产业链、创新链、资金链和政策链，推动“双创”组织模式和服务模式创新，加强“双创”文化建设，到2018年年底前建设一批高水平的“双创”示范基地，培育一批具有市场活力的“双创”支撑平台，突破部分阻碍“双创”发展的政策障碍，推广一批适应不同区域特点、组织形式和发展阶段的“双创”模式和典型经验，加快推动创新型企业的发展壮大，努力营造鼓励创新、宽容失败的社会氛围，带动高质量的就业，促进新技术、新产品、新业态、新模式发展，为培育发展新动能提供支撑。

2017年7月21日，国务院发布《关于强化实施创新驱动发展战略，进一步推进“大众创业、万众创新”深入发展的意见》，提出五个领域的政策措施：一是加快科技成果转化，重点突破科技成果转移转化中的制度障碍，保护知识产权，活跃技术交易，提升创业服务能力，优化激励机制，共享创新资源，加速科技成果向现实生产力转化的进程；二是拓展企业融资渠道，不断完善金融财税政策，创新金融产品，扩大信贷支持，发展创业投资，优化投入方式，推动破解创新创业企业融资难题；三是促进实体经济转型升级，着力加强创新创业平台建设，培育新兴业态，发展分享经济，以新技术、新业态、新模式改造传统产业，增强其核心竞争力，实现新兴产业与传统产业协同发展；四是完善人才流动激励机制，充分激发人才创新创业活力，改革分配机制，引进国际高层次人才，促进人才合理流动，健全保障体系，加快形成规模宏大、结构合理、素质优良的创新创业人才队伍；五是创新政府管理方式，持续“放管服”改革，加大普惠性政策支持力度，改善营商环境，放宽市场准入，推进试点示范，加强文化建设，推动形成政府、企业、社会良性互动的创新创业生态新局面。

自从“双创”概念的提出和一系列“双创”政策的实施，“大众创业、万众创新”持续向更大范围、更高层次和更深程度推进，创新创业与经济社会发展深度融合，对推动新旧动能转换和经济结构升级、扩大就业和改善民生、实现机会公平和社会纵向流动发挥了重要作用，为促进经济增长提供了有力支撑。为进一步激发市场活力和社会创造力，推动创新创业高质量发展，2018 年 9 月 26 日，国务院发布了《关于推动创新创业高质量发展打造“双创”升级版的意见》（以下简称《“双创”升级版的意见》）。“双创”当选 2018 年度经济类十大流行语。近年来，“双创”对推动新旧动能转换和经济结构升级、扩大就业和改善民生、实现社会公平和社会纵向流动发挥了重要作用，为促进经济增长提供了有力支撑。《“双创”升级版的意见》着重从环境、动力、创业带动就业、科技支撑、平台服务、金融服务、资源集聚、政策落实八个方面提出了升级举措。一要深化“放管服”改革，提升企业开办便利度，加快全面推进企业简易注销登记改革，完善适应新就业形态的用工和社保制度；二要出台鼓励科研人员离岗创业实施细则，完善农民工返乡创业、退役军人自主创业支持政策和服务体系；三要升级“双创”平台；四要加大财税金融支持，对个人在二级市场买卖“新三板”股票比照上市公司股票，对差价收入免征个税，将国家级科技企业孵化器和大学科技园享受的免征房产税、增值税等优惠政策范围扩大至省级，符合条件的众创空间也可享受，支持有潜力但尚未赢利的创新型企业上市融资；五要开展赋予科研人员职务科技成果所有权或长期使用权试点和科技成果转化贷款风险补偿试点；六要创新信用监管，监管共享经济平台企业严格履行其主体责任，严守安全质量底线。

4.2 制造业是“双创”的主战场[1]

“大众创业、万众创新”是新时期党中央、国务院的重

1 本节内容部分摘自“制造业‘双创’平台发展白皮书”。

大战略部署,制造业是实体经济的主体,是"双创"的主战场。

4.2.1 制造业"双创"的内涵特征

制造业"双创"平台是面向制造业与互联网全面融合需求，以工业网络、工业软件、工业云、工业大数据等技术为支撑；以人、设备、技术、资本等制造要素的在线化和业务系统的集成化为基础；以研发、生产、孵化等制造能力的开放、交易为核心；以多方参与、高效协同、合作共赢的融通发展机制为纽带；推动企业生产制造全过程、全产业链、产品全生命周期、全方位创新的开放式平台。

从当前实践看，近年来涌现的诸多工业云平台、工业互联网平台、分享制造平台、众创平台、众包平台等都属于制造业"双创"平台的范畴。

从技术层级看，制造业"双创"平台本质上是工业互联网平台，依托成熟的云计算基础设施（IaaS 平台），搭建工业 PaaS 平台，供工业 App 开发者开发面向特定行业、特定场景的应用服务，支撑众多创新主体开展协同创新。

从功能层级看，制造业"双创"平台是制造要素在线化平台，是制造能力开放交易平台，是创业创新服务支撑平台。

制造业"双创"平台呈现出以下五个特征。

第一，资源要素池化。创新主体通过把"双创"平台搭建在“云基础设施+云计算架构”的技术体系上，推动制造全过程中应用的各类软件以及数据存储、挖掘、分析等功能逐步向云端迁移，通过虚拟化、结构化数据库等技术手段构建巨大的资源池，支撑创新主体高效汇聚、动态配置创新创业资源。

第二，业务系统集成化。基于“双创”平台，打通研发设计、产品制造、组织架构、经营管理、业务流程、财务管控等重点环节，实现各业务系统之间、各环节之间、各环节与“双创”平台之间的应用集成和互操作，达到信息流、数据流无缝传递的状态。

第三，服务能力开放化。当前创新主体仅仅依靠内部资源进行高成本的创新活动，已经难以适应快速发展的市场需求以及日益激烈的行业竞争。“双创”平台拥有开放的边界，通过互联网搭建需求者和供给者双方共享的商业化平台，将全球互联网与行业先进的技术、知识、产品、理念、模式集合起来。

第四，参与机制灵活化。制造业“双创”平台在资源整合、管理模式、运行机制、开放服务等方面都需要结合企业的实际需求，创新体制机制，确保能够充分挖掘释放企业和员工的创业创新能力。

第五，体系生态化。围绕生态系统主导权的竞争是产业竞争的最高形态，其本质是整合“平台+服务提供商+用户”

生态资源，构建基于“双创”平台的制造业生态。

4.2.2 制造业“双创”的典型模式

制造业“双创”平台是能够覆盖所有领域、环节的创新活动，既能从行业共性需求出发搭建服务全行业的“双创”平台，又能以具体制造企业的需求出发构建产业生态。具体来讲，制造业“双创”平台主要有以下两种模式共五大类型。

一是大型制造企业通过建设平台推进“双创”模式，主要包括以下三种类型。

第一，系统创新性。航天科工、潍柴动力、中国商飞等制造企业通过搭建航天云网等网络化系统创新平台，推动制造资源、生产能力的集成整合、在线分享和优化配置，实现多地区、多用户、多任务协同并行，推动企业资源优化的边界从内部走向全产业链，企业间合作方式从业务协作走向产品、要素、能力交易，有效促进跨企业业务系统的互联、互通、互操作，带动产品、模式和业态创新。潍柴动力基于“双创”平台开展四地协同研发，将海监船发动机研发周期从24个月缩减至18个月，研发成本降低30%。

第二，管理变革型。荣事达、韩都衣舍等制造企业面向动态多样的消费需求，通过搭建开放式创新平台，打造网络化、扁平化、平台化的管理新模式，推动企业从管控型组织向创业孵化平台转变，通过创新利益分享机制，推动创业者实现与企业的共生共赢。

第三，产业链整合型。海尔、鲜易控股、三一重工等制造企业以“线下实体空间＋线上孵化平台＋‘双创’服务”为发展主线，推动“产、学、研”与“双创”资源的深度整合和开放共享，促进形成资源富集、创新活跃、高效协同的产业创新生态。

二是基础电信企业、互联网企业积极构建“双创”服务生态模式，主要包括以下两种类型。

第一，要素配置服务型。三大电信运营商等基础电信企业，通过产业孵化服务平台，集聚整合大型企业、产业链上下游企业、智库机构、金融资本、孵化管理、创业培训等优质资源，为“双创”提供精准的要素配置服务。以阿里巴巴为代表的互联网企业，通过网络化生产能力要素配置平台，实现产业资源的实施在线监测、需求精准匹配，有效改善了产业链运转效率不高、产能过剩等问题。

第二，共性技术共享型。东方国信、数码大方、索为云网等互联网企业基于自身的制造技术和知识优势，发展面向制造企业的“双创”服务平台及解决方案，提供软件按需取用、在线系统合作、技术资源交易、专业知识自动化等共享服务，促进实现数据的自动流动和隐性知识的显性化，推动新型的制造模式发展。东方国信依托“双创”服务平台，面向钢铁行业提供机理模型、专家系统、大数据分析等服务，帮助企业延长两年以上的高炉寿命，提高劳动生产率 5% 以上，全行业直接经济效益达 200 亿元。

4.2.3 制造业“双创”平台及生态

制造业“双创”平台生态圈的运转是多个角色互动的结果，参与其中的角色越多样化，所构成的生态圈也越繁荣、越具有生命力。制造业“双创”平台生态圈主要包含平台建设者、服务提供商和平台使用者三类角色。其中，平台建设者是拥有技术、资本、人才等实力雄厚的制造业、基础电信企业和互联网企业。服务提供商包括为平台建设和运营提供各类服务和保障的群体，如政府部门、金融服务机构、高校、科研院所以及各类投资机构、制造业领域的中小微型企业、软件服务商等。平台使用者包括企业、园区、创客等。各类角色相互作用，共同构成了制造业“双创”平台的生态圈。

平台建设者

一是大型制造企业。大型制造企业是“双创”平台建设的主力军，通过搭建创业创新平台，并与配套的中小企业通过专业分工、服务外包、订单生产等多种形式，建立协同创新、合作共赢的产业生态，加快从企业单打独斗向产业链协同竞争转变。大企业是国民经济的支柱，充分发挥大型制造企业自身实力雄厚、技术先进和资本运作能力强的特点，有助于带动和激发制造企业的创新活力、发展潜力、转型动力。

二是基础电信企业和互联网企业。基础电信企业和互联网企业拥有便捷的信息通道、成熟的技术优势、广大的客户资源，也是“双创”平台的重要建设者。以中国电信、中国移动和中国联通为核心的基础电信企业和互联网企业通过搭建“双创”平台，开放各类网络资源、行业信息、应用数据、技术、孵化、智力等资源，向应用开发、产品研发和提供服务的创业创新者提供资源申请、数据开放、创业孵化、测试认证、实验环境、业务咨询等服务，从而提高制造企业的自主创新能力。

服务提供商

一是政府部门是制造“双创”平台建设的服务提供者。各级政府不断创新工作手段，初步形成推动制造业“双创”的政策体系、组织保障和工作机制；各级政府不断加强顶层设计，加强统筹协调，完善“制造业 + 互联网”的政策体系。

二是科研院所和各类服务机构也是制造业“双创”平台建设的服务提供者。“双创”平台有助于推动完善“政、产、学、研、金、服、用”以及“双创”资源的深度整合和开放共享，支持制造企业联合科研院所、高等院校以及各类创新机构，加快构建支持协同研发和技术扩散的“双创”体系。

三是软硬件服务商。“双创”平台要实现正常、高效运转，就必须有一批可靠的软硬件服务商为其提供所需的数据与数据分析服务、技术服务等。

平台使用者

一是企业。大企业通过自建或使用第三方“双创”平台，推动企业研发设计、生产制造、经营管理等环节创新，与中小企业开展技术联合攻关、创业孵化、人才培养等工作，为大中小企业融合融通发展提供了新路径。中小微企业通过制造业“双创”平台为大企业提供专业化、社会化服务，加快从单打独斗向基于产业链的集群式发展转变。

二是园区。园区是承载产业创新发展的基础设施，更是区域经济发展的承载主体。近年来，传统园区接连出现产业亟待转型、恶性竞争激烈、配套服务薄弱等问题，园区转型升级的需求十分强烈。在“大众创业、万众创新”的浪潮推动下，园区可以充分依托“双创”平台的集聚效应和创新创业规模优势，利用平台上的企业、大学、研究机构、智库、中介组织、投资机构、孵化器等社会各方资源，持续降低园区创业者对接资源的成本，提升创业创新的“软环境”，促进产业尤其是创新产业和项目在园区的落地成长。

三是创客。创客是“双创”发展的基础。创客可以是独立的社会个体参与者，也可以是自由组成的团队参与者或公司机构。创客主要分为三类：海归回国创业人员；企业管理技术人员；大学生团体。

4.3 打造制造业“双创”升级版

4.3.1 管理创新：重塑组织和个人

创新是引领发展的第一动力，是建设现代化经济体系的战略支撑。近年来，“大众创业、万众创新”持续向更大范围、更高层次和更深程度推进，创新创业与经济社会发展深度融合，对推动新旧动能转换和经济结构升级、扩大就业和改善民生、实现机会公平和社会纵向流动发挥了重要作用，为促进经济增长提供了有力支撑。当前，我国经济已由高速增长阶段步入高质量发展阶段，对推动“大众创业、万众创新”提出了新的更高要求。

推进“大众创业、万众创新”是深入实施创新驱动发展战略的重要支撑，是深入推进供给侧结构性改革的重要途径。随着“大众创业、万众创新”的蓬勃发展，创新创业环境持续改善，创新创业主体日益多元，各类支撑平台不断丰富，创新创业社会氛围更加浓厚，创新创业理念日益深入人心，取得了显著成效。但同时，还存在创新创业生态不够完善、科技成果转化机制不健全、大中小企业融通发展不充分、创新创业国际合作不够深入、部分政策落实不到位等问题。打造“双创”升级版、推动创新创业高质量发展，有利于进一步增强创业带动就业能力；有利于提升科技创新和产业发展活力；有利于创造优质供给和扩大有效需求，对增强经济发展的内生动力具有重要意义。

企业家是高质量发展的关键主体。充分发挥企业家的积极性，有利于实现社会资源的有效配置，提高企业的全要素生产率，进而带动我国经济质量和效率的提升。推动“双创”升级发展，要着力弘扬敢于进取、创新创业的企业家精神，积极营造有利于企业家创新创业的良好环境，调动企业家实干创业的积极性。

同时，“双创”催生的数以万计的创新型企业，也是高

质量发展和“双创”升级发展的重要依托。“双创”既可以有效激发全社会的创新创业热情，帮助大量的新企业成长，增强微观经济活力，也可以为大企业拓展内部创业新模式、构筑完善的产业生态链提供契机。要强化创新企业培育，把发展培育壮大创新型企业放在更加突出的位置，打造数量多、质量优、潜力大、成长快的创新型企业集群；加大对“专精特新”中小企业的支持力度，鼓励中小企业参与产业关键共性技术研究开发，持续提升企业的创新能力。

“双创”升级发展离不开良好的创新生态的支撑。其中，完善便捷的创新创业孵化平台和高效顺畅的要素供给机制是关键。

一方面，要加快创新创业服务平台构建。着力在重点领域和关键环节加快建设一批国家产业创新中心、国家技术创新中心等创新平台，充分发挥创新平台的资源集聚优势；加快众创空间和小微企业创业基地建设以及公共服务平台网络建设，营造更加有利于中小企业创业兴业的良好环境；鼓励大企业建立开放创新创业平台，积极利用第三方开放创新平台资源，建设全新、立体、复合的创新创业生态系统。

另一方面，要积极构建科技创新、现代金融、人力资源等高端要素支撑机制，推动各类创新资源加快向实体企业集聚。一是加大财税政策支持力度，完善创新创业产品和服务、政府采购等政策措施，促进新技术源源不断地流向创新创业企业；二是进一步完善创新创业金融服务，引导金融机构有效地服务创新创业中的融资需求；三是鼓励和支持科研人员积极投身科技创业，强化大学生创新创业教育培训，健全农民工返乡创业服务体系，推动各类人才、更多群体投身创新创业。

推动创新创业高质量发展，离不开完善的金融服务。实践证明，十多年来，创投行业有效地支持了实体经济发展。数据显示，截至 2018 年第二季度末，私募基金累计投资于未上市未挂牌企业股权、“新三板”企业股权和再融资项目数量达 9.09 万个，为实体经济形成股权资本金达 5.13 万亿元。如今，“双创”步入新阶段，要努力破解生态尚不完善、科技成果转化机制尚不健全、大中小企业融通发展还不充分、国际合作有待深入等问题，创投行业理应努力打造“升级版”，持续推动创新创业高质量发展。

当下，我国正处于创新发展的重要时期，企业相比以往更需要提升创新能力，也更迫切地需要充足且持久的资本助力。要让更多的专业化创投机构成长起来，支持各类市场主体创新创业。不同于传统的金融机构，专注于高科技、高成长、高不确定性（“三高项目”）的创投行业，在过去十年间有效推动了技术创新和产业发展。截至 2018 年第三季度末，在中国证券投资基金业协会登记的私募股权与创业投资基金管理人有 14561 位，但同时也存在创投机构实力参差不齐的现状。因此，发挥母基金的筛选和价值判断能力，规范发展市场化、专业化管理的创业投资母基金尤为重要，这样才能让更多专业化创投机构成长起来，进而推动创新创业高质量发展。

要汇聚更多专业投资人和高端科技人才、优秀企业家，形成创新创业的合力。当前，在一些资源禀赋较好的地区，正在形成以科技、人才、资本为代表的“新三驾马车”新格局。然而，在承认创投行业对创新创业重要作用的同时，社会上也存在不少误解。例如，“创投行业属于虚拟经济”“创投行业是一场蒙概率游戏”等观点。这些误解在无形中影响了创投行业的发展。国务院《关于推动创新创业高质量发展打造“双创”升级版的意见》提出，“抓紧完善进一步支持创业投资基金发展的税收政策，营造透明、可预期的政策环境”，这对创业投资更好地发挥支持创新创业的作用来说意义重大。

当前，先进装备制造、人工智能等产业正成为创新创业的风口。一个完善的多层次资本市场，对于经济转型、新兴产业发展都将起到关键性的推动作用。在这个过程中，创投行业被寄予厚望，承载了很多期待。一系列政策利好的释放，有助于创新创业企业的发展，也有助于创业投资机构实现可持续发展的资源配置。

创新是引领发展的第一动力，是建设现代化经济体系的战略支撑。总之，在“大众创业、万众创新”持续向更大范围、更高层次、更深程度推进时，用“创投”升级版推动创新创业高质量发展，将对新旧动能转换和经济结构升级产生积极影响。

4.3.2 平台赋能：构建产业新生态

从“制造大国”走向“制造强国”是中国经济的重要一跳。以轨道交通、高端船舶和大飞机为代表的复杂产品，日益成为现代国家经济实力的象征，也是建设制造强国的关键突破口。复杂产品生产能力提升的难点不仅体现在技术创新能力和制造能力上，更体现在对定制需求的集成管理上。平台赋能或将为破解“模块创新”与“集成管理”之间的效率困境提供新思路。平台赋能是指由核心企业集聚研发能力、生产经验和产业资源，搭建基础区块（Building Block），依托这一基础区块（即平台）的共享输出，对平台供需双边用户进行“赋能”。赋能过程包括资源输出、数据支撑、运营辅导、模式优化等多种形式。对应到复杂产品领域，平台赋能是指由龙头型复杂产品集成商搭建平台，实现更多复杂产品集成商与模块分包商的供需对接。平台赋能在促进集成商和分包商互补创新的同时，依托有效的平台界面治理，极大地提升了复杂产品的集成管理效率。

从“单兵作战”走向“战略协作”

在平台赋能方面，“航天云网”工业互联网平台是一个典型案例。2015 年，“航天云网”工业互联网平台正式上线运行。该平台依托中国航天科工集团公司的科研创新和生产制造资源，广泛整合社会资源，构建“互联网 + 智能制造”服务体系，其核心是供给方把资源虚拟化后“拽”到“云池”，需求方再将其“拽”出来，实现产品和服务的直接交易和价值共创。“航天云网”的核心价值是建立完善的生态系统平台：让散落在社会各界的创新创业者便捷地找到所需的资源；让固化于企业的同质资源在网上横向整合，挖掘资源利用的潜力；让有志于垂直整合的行业领军企业找到心仪的合作伙伴。

上述案例表明，传统产品开发平台正在走向产业赋能平台，依靠平台赋能的方式促进模块创新并提升集成管理效率。为解决定制创新与集成管理之间的矛盾，搭建产品开发平台的做法早已有之。例如，汽车产业大量存在的同平台产品。“航天云网”与传统产品开发平台的根本差异在于，前者改变了模块创新和集成管理的模式。产品开发平台是企业内的资源集约，“航天云网”则是在产业层面优化资源配置，其效率提升主要来自两个方面。**一是模块创新**

效率的提升。"航天云网"依托航天科工的资源和能力积累，搭建起基础模块，实现对平台参与者的"赋能"，输出制造能力和创新资源，从而有利于复杂产品集成商和分包商的创新活动推进，提升其创新效率。**二是集成管理效率的提升**。"航天云网"采用了"双边市场"架构，以市场化匹配机制实现供需资源的快速有效对接，降低交易成本，极大提升了复杂产品集成商的生产效率。与此同时，"航天云网"依托平台界面治理机制，实现对复杂产品集成商和分包商的有效管理，促进了双边用户的互利共生。例如，通过界面开放度治理，合理平衡平台参与者多样性和过度竞争的问题；通过界面评价机制促进双方的信任建立、长期合作等。可见，龙头型复杂产品集成商通过搭建赋能平台，既能促进其他复杂产品集成商与分包商的互补创新，也能提升复杂产品集成管理的效率。从长远看，平台运营商（即龙头型复杂产品集成商）在服务平台参与的同时，还能接受参与者的资源、能力和数据"反哺"，从而实现"赋能—反哺—再赋能"的良性循环。

"三步走"提升复杂产品的生产能力

依靠平台赋能模式提升复杂产品的生产能力，需经历平台搭建、平台赋能和平台生态化发展三个阶段：集聚资源和能力搭建复杂产品赋能平台是基础；依靠平台赋能促进模块创新是关键；围绕赋能平台实施有效治理，提升集成效率，实现平台生态可持续发展是最终目标。

第一，复杂产品赋能平台搭建。以复杂产品系统集成商或行业内龙头企业为主导，利用其长期积累的资源和能力，搭建平台基础模块。基础模块的搭建要把握两个原则。一是立足共性，边界不宜过大。平台是可跨情境应用的资源和能力的集合，情境化的资源和能力不宜由平台提供，以免影响外部主体进入的积极性。二是界面合理开放，许可外部主体进入。平台应采用开放的架构和界面设计，产品供给方应该能够吸纳外部服务商，需求方也应面向广泛的厂商用户群体。总体而言，基础模块虽由平台运营商掌控，但必须立足开放性，以服务更大的群体。

第二，复杂产品赋能平台实施。以平台基础区块的能力为基础，利用网络效应吸引外部厂商快速加入。以具备一定生产能力的复杂产品系统生产商或模块供应商为突破口，进行平台赋能，具体包括设备输出、系统输出、管理输出、智能工厂改造、技术咨询等多种形式。利用集成商的管理和传导效应，将平台的能量传导到中小厂商群体，从而协同提升整个复杂产品系统的生产能力，并借助平台向国内外高端用户进行推介。早期赋能主要是提升复杂产品的生产效率，后期则应立足于复杂产品的模块创新，促进其创新范围的扩大和速度的提升。

第三，复杂产品赋能平台生态化发展。从长远看，单纯依靠平台赋能难以实现持续发展，必须构建起“能量循环递增”的动力机制。对于复杂产品的生产而言，既包括成熟模块的交易，也包括非成熟模块的开发，理想的动力机制是要形成交易和创新平台的“双轮驱动”。交易平台可以实现厂商之间就特定成熟产品和服务需求的直接交易，扩大交易范围，并将大量散落的产业资源集约利用，从而提升交易效率。创新平台则需要构建起生态创新架构，立足用户需求，以便大量生态互补者协同推进特定模块的开发。平台主导者与参与者自主地结合，将有利于解决传统复杂产品集成创新模式的固化弊病。交易和创新平台相互交叉，协同推进复杂产品生产能力的整体提升。

平台参与者合理选择“生态位”

基于前文分析，推进平台赋能需注意平台推进主体、功能目标、分工定位等问题。

首先，复杂产品赋能平台的搭建应从“政府主导”逐步转变为“企业主导”。国际经验表明，政府在复杂产品生产和创新中发挥着重要作用，但这种作用具有阶段性特征。在早期起步阶段，由于复杂产品投入多、见效慢，必须依靠政府扶持；进入高速增长阶段后，应逐步推动由“政府主导”向“企业主导”的过渡。“航天云网”工业互联网平台的构建过程为这一过渡提供了可借鉴的路径。

其次，发挥复杂产品赋能平台跨产业资源配置的功能，有效推动供给侧结构性改革。复杂产品赋能平台不再是在单一领域或产业内进行资源配置，而是深入跨产业、跨领域的资源配置方式。这不仅能提高直接交易的效率，扩大知识和能力的来源范围，有利于突破性创新的涌现，而且能依托平台机制实现集成管理效率的大幅提升。赋能平台以用户需求为第一拉动力，倒逼供给侧结构性改革，破除不利于复杂产品生产能力提升的制度设计，并且将原本闲置或浪费的产业资源加以有效利用。可见，以“航天云网”为代表的平台赋能模式是推动供给侧结构性改革的一种有效形式。

最后，复杂产品赋能平台的运营商与参与者要合理定位，促进生态互补创新；大力倡导生态协作的发展战略，改变各类主体的竞争和自我保护意识。大量平台产业的实践表明，平台运营商和参与者是共生依赖的关系，彼此能够实现互利共赢。平台运营商和参与者都应认清自身能力，合理选择“生态位”。平台运营商需具备“赋能”属性，以快速实现平台的“冷启动”。未来产业竞争将越来越表现为平台生态系统之间的竞争，中小厂商必须加入相应平台。平台参与者的不断“反哺”，也是实现平台生态可持续发展的重要保证。

4.3.3 数字化转型：开拓数字经济新空间

数字经济已成为世界公认的新经济、新业态、新动能、新引擎。发展数字经济也成为培育经济新动能、构筑竞争新优势、推动经济社会转型的重要抓手。当前，我国数字经济发展迎来新机遇，应树立“数字经济也是新实体经济”的理念，积极采用云计算、大数据、人工智能、物联网、区块链等新技术，对实体经济进行数字化、智能化改造，加快谋划和布局数字经济，促进三次产业数字化融合，推动经济发展质量变革、效率变革、动力变革，以数字经济开拓高质量发展新空间。

第一，发挥数字经济引领实体经济创新的先导作用。数字经济是以数字技术创新为核心驱动力，通过数字技术与实体经济深度融合，不断提高传统产业数字化、智能化水平，加速重构经济发展与政府治理模式的新型经济形态。数字经济不仅对消费和社会活动带来深刻影响，而且能降低实体经济的生产经营成本、提升效率、促进供需之间的精准匹配，对实体经济的发展思维、组织模式、行业规则带来颠覆性的变革。据统计，2017 年我国数字经济规模达 27.2 万亿元，对GDP的贡献占比已达32.9%。当前，应拓展对数字经济的认识范围、边界和视野，将其作为一种与工业经济、农业经济并列的经济社会业态。全面审视数字经济对经济社会的革命性、系统性和全局性影响。发挥数字经济丰富要素供给、提高要素配置效率、提升产出效能的先导作用，促进全要素生产率提升，开辟经济高质量发展新空间。

第二，加快制造业数字化融合，激发产业结构升级新动能。制造业是国民经济的支柱产业。随着数字经济时代的到来，全球制造业正处于重塑发展理念、调整失衡结构、重构竞争优势的关键节点上，构建数字驱动的工业新生态成为生产方式变革的重要方向，数字化制造开始向智能化制造跨越，为制造业转型发展注入了强大动力。当前，在加速建设制造强国和“中国制造2025”规划的战略背景下，中国作为全球制造大国，既面临巨大的发展机遇，也面临着严峻挑战，正处于转型升级的重要阶段。数字经济作为一种新动能、新业态、新模式，为制造业提供了转型升级的新方向。制造业亟须利用新一代信息技术，打通不同层级与不同行业间的数据壁垒，强化数据驱动能力，加速数字化转型与升级，将制造业数字化融合作为制造业变革的驱动器，推动制造业基于互联网平台的产能共享，协调生产资料和制造能力的高效配置，促进制造业的“智能化、个性化、网络化、服务化”，推动制造业优化升级。在进一步加快网络基础设施升级的同时，推动工业互联网建设，从供给侧和需求侧两端发力，在国家层面推广工业互联网平台建设，形成多层次、系统化的平台发展体系，促进工业全要素连接和资源优化配置。与此同时，加快工业互联网应用，提升大型企业工业互联网创新和应用水平，促进中小企业工业互联网应用普及，提升企业研发、设计、生产、销售、服务网络化水平，实现“建平台”与“用平台”互促共进。打造一批以制造业数字化优化升级、数字化智能制造、制造业产能共享试点示范等为代表的数字经济发展示范基地，推动我国制造业的数字化融合，开拓制造业高质量发展新空间。

第三，推动数字内容产业发展，促进增长动力新变革。当文化创意与信息技术碰撞，数字内容产业由此而生。数字内容产业已成为全球快速发展的新兴产业，2017 年 4 月，文化部出台《关于推动数字文化产业创新发展的指导意见》，指出着力发展动漫、游戏、网络文化、数字文化装备、数字艺术展示等数字文化产业重点领域，并促进动漫与文学、游戏、影视、音乐等内容形式的交叉融合，与相关产业融合发展，延伸产业链和价值链。工业和信息化部信息中心发布的 2018 年中国泛娱乐产业白皮书的数据显示，2017 年，我国泛娱乐核心产业产值约为 5484 亿元，占数字经济的比重超过 1/5，成为我国数字经济的重要支柱和新经济发展的重要引擎。当前，我国要在现有的文化创意产业发展优势的基础上，推动文化价值和产业价值的互相赋能，进一步主动抢占数字内容产业高端平台，聚焦媒体融合、生产数字化、传播网络化、消费个性化等特点，通过跨界融合，推进新兴的数字文化产业与传统的制造业、消费品工业融合发展，与信息业、旅游业、广告业、商贸流通业等现代服务业融合发展，提高其附加值，不断催生新业态、新模式，不断满足人民群众对美好生活的新需求。打破区域和层级边界，培育数字内容企业集群和产业集群，打造世界级数字文化产业品牌，打造文化创意产业新优势。

第四，着力建设数字政府，构建高质量发展新环境。我国经济由高速增长阶段转向高质量发展阶段，只有着力转变发展方式、优化经济结构、转换增长动力、提高经济发展质量和效益，才能实现高质量发展。而要实现这些目标，必须营造能够激发市场活力、增强内生动力、释放内需潜力的发展环境。数字经济依靠的是创新驱动，需要创新投入、创新扶持、创新环境和创新动力，支持与数字技术相融合的商业模式和产品服务创新，为数字化、网络化的现代服务产业新业态提供宽松包容的发展环境，坚持对新兴产业实施包容审慎监管；着力打造先进的数字政府和便捷的政务服务，利用大数据、“互联网＋政务”推动政务服务流程再造，理顺跨区、跨部门、跨层级政府业务办理机制，构建统一的在线服务平台，提升政务服务标准化、智能化、便民化水平，真正实现变“群众跑腿”为“数据跑路”，打造“不打烊”的“数字政府”，推动实现“一号申请、一窗受理、一网通办”，真正实现“最多跑一次”“一次办成”；坚决打破“信息孤岛”，推进数据共享，推动政务数据库和公共数据库依法合规地向企业开放，实现高效透明的政府治理，推动事前监管向事中、事后监管转变，充分利用大数据，推动从单纯的政府监管转向社会协同治理，着力营造低成本、有竞争力的发展环境，提升综合成本比较优势，全力优化营商环境、培育创新生态，构建高质量发展新环境；防范打击虚拟资本利用大数据构筑诈骗陷阱，规范数字经济的发展，使它为落实以人民为中心的发展服务。

一方面，以移动通信、云计算、大数据、物联网、虚拟现实等为代表的数字经济茁壮成长，成为经济发展的新引擎。工业和信息化部最新统计数据显示，我国数字经济产业整体规模呈稳步增长的良好态势。2018 年 1 ～ 6 月，我国电信业务总量、软件业务收入分别同比增长 47.7% 和 15.1%，电子信息制造业增加值同比增长 9.2%。2018 年 1 ～ 8 月，全国网上零售额超过 3 万亿元，同比增长 26.7%。同时，从事数字经济的企业的国际竞争力持续攀升。目前，我国有 3 家企业进入全球上市互联网企业市值排名前 10 强，有 10 家企业进入前 30 强，有 5 家 ICT 制造企业进入全球 500 强。CNNIC 最新报告显示，2018 年上半年我国网民规模已达 7.1 亿人，互联网普及率达 51.7%，各类互联网公共服务类应用均实现用户规模增长，网上预约出租车、在线政务服务用户规模均突破 1 亿人大关。数字经济正为中国经济营造出雨后春笋般的发展场景。

另一方面，数字经济与传统产业融合创新，对旧有经济模式颠覆重塑，促进了产业结构的优化升级，也催生了一系列活力四射的新业态、新模式。当数字经济牵手传统制造，工业研发设计、生产过程控制、节能减排、安全生产等领域将增添“智慧”之翼，快速推动传统工业向数字化、网络化、智能化升级，以工业云、数字工厂、机器人技术等为代表的“智能制造”将促进我国工业装备水平大幅提升，自主创新能力显著增强。当数字经济融入农村农业，深藏乡间的土特产开始飞出山村走向世界，依赖人力的播种收获变为视频种植、鼠标遥控。当数字经济加持医疗卫生，优质医疗资源配置不均的问题将得到极大缓解，百姓屡屡诟病的看病难顽疾有望逐步根除……数字经济与实体经济的交融互动使现代经济活动更加灵活、敏捷、智慧，也逐步改变着人们的消费观念、生产方式、生活方式甚至是人们的思维模式。

正是基于对数字经济的深刻认识，在 2016 年召开的

G20 杭州峰会上，中国作为主席国，首次将“数字经济”列为 G20 创新增长蓝图中的一项重要议题，主导通过了《二十国集团数字经济发展与合作倡议》（以下简称《倡议》）。这是第一个具有全球意义的数字经济合作倡议。《倡议》提出了创新、伙伴关系、协同、灵活、包容、开放和有利的商业环境、注重信任和安全的信息流动七大原则，确立了扩大宽带接入和提高宽带质量、促进信息通信技术领域的投资、支持创业和促进数字化转型、促进电子商务合作、提高数字包容性、促进中小微企业发展的数字经济发展六大关键领域，并鼓励各成员国在知识产权、促进合作并尊重自主发展道路、培育透明的数字经济政策制定、支持国际标准的开发和使用、增强信心和信任、管理无线电频率频谱促进创新六大方面对数字经济发展给予了政策支持。七大原则、六大关键领域、六大政策支持，这正是中国对数字经济发展主张的精髓所在。

当前，新一轮网络信息技术日新月异，发展机遇稍纵即逝，世界各国都在积极抢占先机，布局决定未来发展的战略高地。我国已进入全面建设小康社会的关键时期和加快转变经济发展方式的攻坚阶段，曾经错失工业革命发展的中华民族不能再错失机会，也没有理由再错失信息革命的难得历史机遇。发展数字经济，融入并引领全球信息通信技术的行业大潮，时不我待，只争朝夕。

下篇

创新之路

数字化转型的不断探索

第五章　技术创新：为产业变革注入新活力

或者创新，或者消亡。尤其是在技术推动型产业，再也没有比成功消失得更快的了。

——比尔·萨波里托

技术创新是国家发展战略的核心，是提高综合国力的关键。技术创新是企业创新活动的核心资料，它为组织的实施和过程管理带来必要的支撑和保障。技术创新是产业变革的主要驱动力。当前，数字社会与智能社会浪潮汹涌而来，各个行业都面临结构性变化，这对企业以及组织都提出了全新的要求，机遇与挑战并存。智能商业时代到来之后，大数据、云计算、物联网、人工智能等技术层出不穷，这一波技术浪潮所引发的革命对人类社会的影响将是全面且深刻的。大数据、云计算、物联网、人工智能等技术的发展正处于由量变到质变，从概念到应用的阶段，在新一轮技术革命、产业升级和经济转型的历史交汇点上，抓住了就是机遇，错过了就要被淘汰。

5.1 大数据：苏宁全场景智慧零售大数据平台

5.1.1 苏宁易购集团简介

苏宁易购集团股份有限公司创立于1990年，是中国领先的商业企业，拥有30万员工，服务全球6亿用户，2018年苏宁控股集团以5579亿元的规模位居中国民营企业500强第二名。苏宁产业经营不断拓展，形成苏宁易购、苏宁物流、苏宁金融、苏宁科技、苏宁置业、苏宁文创、苏宁体育、苏宁投资八大产业板块协同发展的格局。苏宁一直秉承“引领产业生态、共创品质生活”的企业使命，积极充当中国经济转型升级的带动者，致力于通过全渠道、全品类、全客群服务消费者的美好生活。依托线上线下融合发展的智慧零售，苏宁在线下不断拓展全场景消费，打造前沿智慧商业综合体，助力智慧城市建设、消费升级以及供给侧改革。

当前，对大数据商业价值的挖掘和利用逐渐成为企业争相追捧的利润焦点。电商企业通过大数据应用，可以探索个人化、个性化、精确化和智能化的广告推送和推广服务，创立比现有广告和产品推广形式性价比更高的全新商业模式。同时，电商企业可以通过对大数据的把握，寻找更多、更好的增加用户黏性，开发新产品和新服务，降低运营成本的方法和途径。

面对挑战与机遇共存的大数据时代，苏宁坚持零售本质，持续推进智慧零售战略和O2O融合，全品类经营、全渠道运营、全球化拓展，开放物流云、数据云和金融云，通过POS端、PC端、移动端和家庭端的四端协同，实现无处不在的一站式服务体验。而苏宁全场景智慧零售大数据平台的定位，则是作为苏宁智慧零售的中枢，打造和提供面向业务运作的各类智慧引擎，包括采购引擎、服务引擎、风控引擎等。依托大数据平台为苏宁全方面提供能力支持，在业务快速扩张中培育能力、建设工厂，把企业长期积累建立的全场景零售的基础资源与核心能力模块化、产品化、技术化、规则化，形成全面对内对外智慧赋能的模式。一方面，这将为苏宁的零售、金融、置业、体育、文创等全场景提供服务助力；另一方面，可提升外部企业的智慧能力，为零售、文创、房地产、制造、农业等企业赋能。

依托以大数据为基础的智慧零售大脑，苏宁实现了全品类、全渠道、全客群的优质服务。苏宁全场景智慧零售大脑汇聚一体化智能数据平台、分析体系及精准洞察用户，通过汇聚近30年海量数据，打造全位一体的智慧零售生态。如图5-1所示。

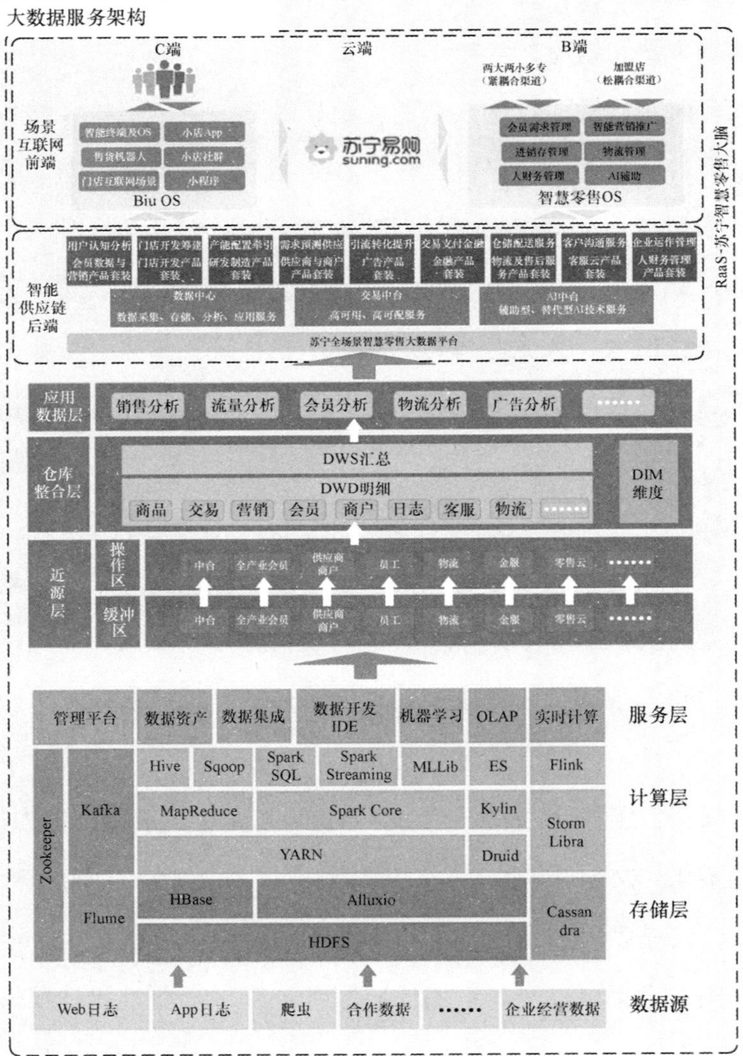

图5-1　苏宁智慧零售大脑

5.1.2　助力苏宁迁跃，融合产业生态

苏宁的会员的购物数据能够精准地被记录在中台核心交易系统中，为还原消费诉求画像提供强大支撑。通过开放大数据平台，生产端能够及时获得市场情报，把握当下的消费特点及趋势，进而指导产品研发，打造爆品。

助力企业发展

助力智慧零售。在智慧零售方面，全场景智慧零售大数据平台使销售增速更快、会员营销更精准、客户服务更贴身。苏宁深耕千人千面，拓展会员精准营销层次，通过智能化的广告投放手段，实现目标人群全覆盖，人群服务更精准，使GMV、点击率、转化率等多个核心指标实现质的飞跃。通过大数据、AI、云计算技术的融合，开发智慧零售机器人，实现社群营销智能化、导购智能化、客服智能化，进一步提升ROI，节约运营成本。围绕消费升级的需求，苏宁充分运用大数据、云计算等新一代信息技术，增强了为消费者提供产品、服务和体验的能力，从而在智慧零售情景中衍生出多种多样的业态形式。根据不同群体的需求，苏宁创建了面向农村的苏宁县镇店、面向社区的苏宁小店、面向商圈的苏宁易购生活广场等多种业态形式，

为不同消费群体提供可随时接触、随时满足需求的入口。

助力智慧供应链。不论是传统零售，抑或是互联网时代的智慧零售，供应链是决定零售企业发展的脉门。苏宁通过结合大数据，创新供应链模式，建设智慧供应链，实现智慧零售的自动化协同流程、智能化商品运营。通过智慧供应链，实现智能仓配布局、智能预测补货，有效提升库存周转率，降低缺货率；实现对线上线下的商品智能定价、智能管理，有效提升了商品的全品类覆盖率，提升门店坪效。

助力智慧风控。在智慧风控方面，能够实现全天候、全场景智能识别并拦截“黄牛”等，全链路识别企业经营风险。大幅度提高了黑产主动拦截率、经营风险识别率。通过流量反作弊、智能内容审核等智能化的风控手段，实现智能算法全场景覆盖，日审亿级图文，保障消费者权益。

产业生态融合

通过打造“场景互联网 + 智能供应链”，苏宁构建了以苏宁易购、苏宁超市、苏宁拼购、苏鲜生为代表的线上平台，全品类的成长让苏宁在新的业务拓展上得到了突飞猛进的进展。

苏宁全品类商品包含实体商品、服务商品、内容商品，囊括了衣、食、住、行、享、用等方面。通过全场景智慧零售大数据平台的支撑，打造全品类商品生态，不断丰富实体商品、服务商品、内容商品的经营类目和 SKU，通过强大高效的智能供应链帮助消费者与自身需求完成价值链接。

通过全场景智慧零售大数据平台，苏宁能够极速搭建链接各类人群、各式场景、各个时间、各种商品的场景互联网渠道，最大限度地满足智慧零售时代下对空间的多样性和时间的及时性需求，如图 5-2 所示。

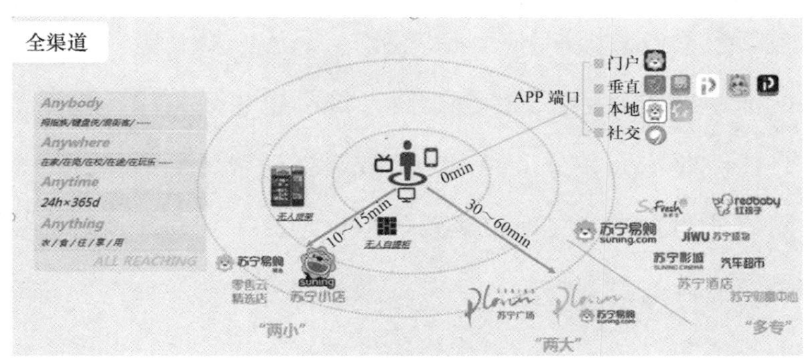

图5-2　苏宁服务示意

苏宁作为零售巨擘，形成了个人用户、企业用户、平台商户、下游分销商、上游供应商相互依托的全客群产业生态。全场景智慧零售大数据平台把苏宁打造为客群生态圈的超级引擎，形成单点发展、全面开花的良性循环。苏宁自身发展也带动了上下游企业和相关行业的发展，最终通过苏宁将更优质的服务提供给用户。

5.1.3 推动行业发展，突显社会价值

苏宁在新时代实现自身迁跃的同时，也对行业、社会的发展起到了助推作用，突显了苏宁的责任担当和社会价值。苏宁作为零售生态圈的核心，通过全场景智慧零售大数据平台的助力，实现对上下游企业的纵向整合，对社会行业产生横向提升，推动产业共同前行。

苏宁至少提供了三类具备极大商业价值的数据与信息：第一类是服务消费者，方便其获取购物与消费的数据信息，包括各类商品及店铺信息、促销信息等；第二类是服务供应商，可有效提升其店铺管理及商品销售效果相关数据信息的获取能力和分析能力，获取包括消费者的消费行为、网络使用行为、媒体接触及使用行为，市场发展及行业竞争等在内的数据与信息；第三类是服务企业经营，为商品的物流交付和服务能力优化提供数据支撑，及时发现交付环节中存在的问题和不足，有效提升苏宁的服务交付及时性和闭环率，降低服务成本，提高效率。

助推工业互联网发展

以全场景智慧零售大数据平台为基础平台，苏宁着力打造工业互联网平台。工业互联网平台建设的推广价值，主要是可以帮助工业企业转型升级，苏宁上游有 3 万家供

应商，下游有 2 万家中小微企业，苏宁为它们提供服务，共同发展。这种合作将带来 3 个方面的优势。

一是有利于升级产业结构，实现质量变革，助力传统产业升级转型、新模式新业态不断壮大。二是有利于优化资源配置，实现效率变革，进一步推动制造与服务资源泛在连接、弹性供给和高效配置。三是有利于加速创新驱动，实现动力变革，加快信息通信优势与制造业优势叠加集成融合。

政企数据服务

苏宁依托全场景智慧零售大数据平台，整合苏宁数据与政府数据，实现政府层面的数据价值，主要在 4 个层面提供支持服务。

一是辅助政府决策。为政府提升消费对经济的拉动作用、加快经济转型、推动富民目标实现提供数据支撑和决策依据；为调整消费政策的有效性提供模拟、评价平台。

二是服务企业经营。通过消费主体行为特征的刻画、消费偏好发现，为企业细分市场、精准销售提供市场细分提供指引。

三是服务行业发展。通过消费偏好、消费趋势分析、消费潜在市场挖掘等，充分发挥消费需求的引领作用，指导企业适时调整生产方向，推动产业结构优化升级，加快培育形成新供给新动力。

四是引导居民消费。宣传绿色、健康的消费方式，积极引导居民消费，培育壮大新消费。

精准扶贫

作为第一家与国务院扶贫办签署全国农村电商精准扶贫战略合作协议的民营企业，苏宁依托智慧零售优势，基于全场景智慧零售大数据平台的分析结果，于 2018 年在全国首创了苏宁易购“扶贫实训店”这个 O2O 造血扶贫新模式。在线下，通过苏宁易购“扶贫实训店”推动工业品下行，同时为建档立卡贫困户提供就业岗位和电商技能培训；在线上，通过“苏宁易购中华特色馆”打通农产品上行路径。

近年来，苏宁全渠道累计助销农产品超 60 亿元，惠及 200 多万农民，带动回乡创业就业青年超过 1 万人，为 1500 多万农民提供了“精准扶贫版本”的苏宁智慧零售服务。

总体来说，苏宁全场景智慧零售大数据平台实现了数据采集、数据处理、数据转换、数据存储、数据资产管理、数据服务等多个环节的工作聚合，为苏宁集团下属企业提供一站式的大数据服务，打通苏宁全产业数据链路，为实现苏宁全场景智慧零售奠定了坚实基础。同时，该平台能够覆盖全场景业务，给予不同业态、不同产业的企业和政府提供大数据赋能服务，支撑全产业的服务推广，有助于促进行业整体的降本增效。

5.2　云计算：亚马逊 AWS

5.2.1　云计算的发展

随着互联网的发展，社交网络、电子商务、数字城市、在线视频等新一代大规模互联网应用发展迅猛。这些应用数据存储量大、业务增长快。例如，电子商务网站淘宝网的 BC 业务在 2010 年增长了 4 倍，其数据中心存储了 14PB 的数据，每天需要处理 500TB 数据。为了解决数据庞大、软硬件更新和系统维护成本增长的问题，2006 年谷歌、亚马逊等公司提出了云计算的构想。

云计算是一种利用互联网实现随时随地按需便捷访问共享资源池的计算模式，如图 5-3 所示。作为信息产业的一大创新，云计算模式一经推出便受到了工业界和学术界的广泛关注。该技术的实际运用不仅催生了新产业链，而且有效推动了产业结构的转

图5-3　云计算

型升级，推动了 IT 产业运营模式的转变。基于云计算的重要战略意义，各国政府纷纷将云计算列为国家战略，投入了大量的人力和物力用于云计算的部署。

目前，“云”具有相当大的规模，Google 云计算已经拥有 100 多万台服务器，Amazon、IBM、微软等公司的“云”均拥有几十万台服务器。企业私有云一般拥有数百上千台服务器。“云”能赋予用户前所未有的计算能力。云计算支持用户在任意位置、使用各种终端获取应用服务。所请求的资源来自“云”，而不是固定的有形实体。

应用在“云”中某处运行，但实际上用户无须了解，也不用担心应用运行的具体位置，只需要一台笔记本电脑或一部手机，就可以通过网络服务来实现我们需要的一切，甚至包括超级计算这样的任务。“云”使用了数据多副本容错、计算节点同构可互换等措施来保障服务的高可靠性，使用云计算比使用本地电子计算机可靠。

云计算不针对特定的应用，在“云”的支撑下可以构造出千变万化的应用，同一个“云”可以同时支撑不同的应用运行。“云”的规模可以动态伸缩，满足应用和用户规模增长的需要。“云”是一个庞大的资源池，可以按需购买；“云”可以像自来水、电、煤气那样计费。

由于“云”的特殊容错措施，可以采用极其廉价的节点来构成云，“云”的自动化集中式管理使大量企业无须负担日益高昂的数据管理成本；“云”的通用性使资源的利用率较之传统系统大幅提升，因此用户可以充分享受“云”的低成本优势，只要花费几百美元、几天时间就能完成以前需要花费数万美元、数月时间才能完成的任务。

阿里巴巴集团首席战略官曾鸣曾系统性地概括了云计算对于企业的价值：第一，移动 + 云计算实现了 IT 服务的“在线化”，让技术的门槛大幅降低；第二，云计算是公共服务，是可变成本，可按需使用，不再是固定资产投入，创业公司的成本压力由此大幅下降；第三，云计算将数据变成生产资料和企业资产。

2018 年 6 月 22 日，美国市场研究机构 Synergy Research Group 的最新云计算市场研究数据表明，在亚太市场中，亚马逊 AWS 仍然依靠日本等市场的优势牢牢占据亚太榜首的位置，而阿里云排在市场第二名。

阿里云的排名在很大程度上得益于它在中国云计算市场的占有率。中国的云计算市场从 2007 年起步，初期一直处于对国外先进概念和技术消化的阶段。2010 年前后市场逐渐激活，经过近几年的增速发展，国内逐渐形成相对成熟的环境。阿里云、腾讯云、UCloud 等云平台逐渐发展壮大起来。

5.2.2 亚马逊 AWS

自 2006 年年初起，亚马逊 AWS（Amazon Web Services）开始在云上为各种规模的公司提供技术服务。利用亚马逊 AWS，软件开发人员可以轻松购买计算、存储、数据库和其他基于互联网的服务来支持其应用程序。开发人员能够灵活地选择任何开发平台或编程环境，以便其尝试解决问题。亚马逊 AWS 于 2006 年推出，在短短的十余年间，它带动起云计算的繁荣发展，用云计算改变了整个 IT 行业，亚马逊 AWS 服务如图 5-4 所示。

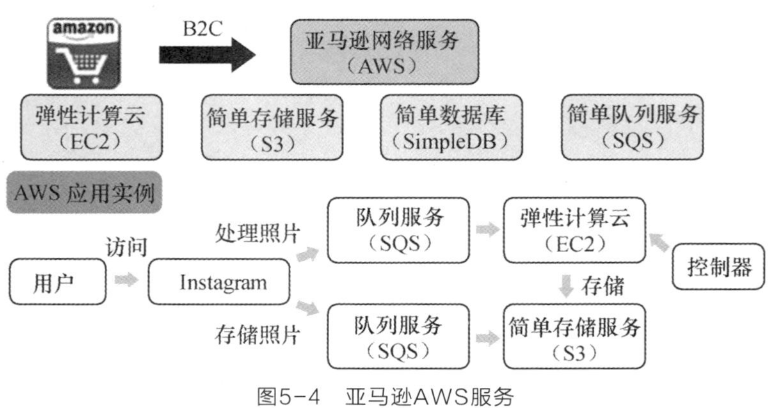

图5-4 亚马逊AWS服务

实际上亚马逊 AWS 是在 2002 年推出的，当时该业务的早期版本意在帮助开发者“开发应用程序和工具来将亚马逊网站的众多独特功能整合到自家网站上”。直到2006年，亚马逊AWS才推出首批云产品，让企业能够利用亚马逊的基础设施开发自有的应用程序。

顺应当下云计算、大数据、物联网、人工智能等新技术的发展趋势，亚马逊AWS每天都会有新的功能上线，如今亚马逊AWS已经推出数千项新功能，可以帮助用户搭建各类新的应用，真正实现“超音速”的发展。在为用户提供丰富功能的同时，亚马逊AWS正在从基础设施层面构建全新的安全工具，以保障云服务的安全。亚马逊AWS的速度也是众多企业选择的重要原因之一，这种速度不仅仅体现在一键访问数千台服务器上，更体现在访问的宽度和深度上。从物联网到移动应用，从大数据到人工智能，亚马逊AWS凭借其强大且功能齐全的基础设施平台，为用户提供了更加丰富的服务。与此同时，亚马逊AWS也在积极创新容器技术、无服务器技术，并采用更加开放的架构为客户提供更大的自由度。不仅如此，亚马逊AWS还以开放的方式支持多种数据库类型并提供相应的数据库迁移服务，帮助企业快速上云。

在大数据分析和人工智能领域，亚马逊AWS拥有广泛的数据分析产品，可以帮助用户进行大规模、高性能、快速的数据分析，并在人工智能相关的语音、图像识别、聊天机器人等方面开展研究。

5.2.3 亚马逊 AWS 应用案例

亚马逊 AWS 为客户提供了一整套云计算服务，使客户能够构建复杂、可扩展的应用程序。如今，成千上万家各种规模的企业都在使用这些云计算服务，涉及各个行业，包括医疗保健、传媒、金融服务、保险、房地产、教育、公共部门等。

复旦大学附属肿瘤医院（以下简称“肿瘤医院”）是国内较早完全实施医院信息平台的医院，从 2000 年开始建设医院信息系统，在 2007 年先行完成了国内门诊电子病历书写和打印系统。从 2016 年开始，肿瘤医院开始推动“互联网 + 医疗服务”，利用公有云平台建立起“肿瘤专科分级诊疗平台”，借助互联网技术将肿瘤医院自身在病理分析、肿瘤治疗等方面的优势分享给更多的基层医院，使更多的患者可以就近享受到优质的医疗资源。肿瘤医院从 2017 年开始将整个互联网医疗平台迁移到 AWS 云平台上，整个信息系统采用混合云部署方式，互联网医疗平台通过 IPSec VPN 与医院数据中心连接，确保数据链路安全。由于互联网医疗平台需要持续提供服务，因此，在亚马逊 AWS 技术团队的帮助下，精确规划了每个应用的迁移，尽可能缩短停机时间，确保在系统迁移期间日常业务的正常运行。

蒙牛很早就开始了数字化转型。在这一过程中，蒙牛逐渐将本身具有互联网属性的一些项目和业务迁移到公有云平台上。2015 年年底，蒙牛开始对亚马逊 AWS 相关服务进行总体测试和有针对性的具体服务测试，并从 2016 年 1 月开始将电商平台、消费者洞察等 10 个项目迁移到 AWS 云平台上。AWS 云平台的稳定性、丰富的功能、对开源技术的支持以及优异的售前、售后支持服务是蒙牛选择亚马逊 AWS 的主要原因。蒙牛大规模地使用了 SAP 解决方案，其电商平台也采用了 SAP Hybris 系统；而 AWS 云平台经过 SAP 认证，对 SAP 系统提供了全面的支持，并且拥有了众多部署 SAP Hybris 的成功案例。亚马逊 AWS 提供了丰富的大数据分析功能，可以帮助蒙牛更好地洞察消费者的需求。

5.3　物联网：华为 OceanConnect

5.3.1　物联世界

如果说工业时代的生产更强调分工，智能时代则更看重彼此的共享，物联网在共享时代更是占据重要位置。物联网就是物物相连的互联网，包含两层意思：第一层，物联网的核心和基础仍然是互联网，是在互联网基础上的延伸和扩展的网络；第二层，其用户端延伸和扩展到了任何物品与物品之间，进行信息交换和通信。

5.3.2 华为 OceanConnect 简介

全球 5G 标准的确立对物联网产业来说是极大的推动力。经过近几年的技术发展，NB-IoT、eLTE、LoRa 等市场相继启动。预计 2020 年物联网连接数量将达到 300 亿个，2025 年将达到近 1000 亿个。其中，智能制造、智慧家居、车联网、物流、交通、抄表等行业市场前景广阔。

物联网产业的爆发，需要一个全球化部署、可稳步支持物联网快速扩张的技术支撑平台，华为 OceanConnect 物联网平台就是其中的典型代表。在 2018 年 6 月初发布的《2018 年 IDC 全球物联网平台供应商评估报告——设备和网络连接供应商》报告中，华为 OceanConnect 物联网平台在技术能力、未来战略、市场表现三个维度以其优异表现被列入“领导者”阵营。那么 OceanConnect 究竟是什么呢？

OceanConnect 是华为云核心网推出的以 IoT 连接管理平台为核心的 IoT 生态圈。基于统一的 IoT 连接管理平台，开放 API 和 IoT Agent 以实现与上下游产品能力的无缝连接，给客户提供端到端的高价值行业应用，如智慧家庭、车联网、智能停车、能源电力、工业制造等，如图 5-5 所示。

面向物联网，华为提出“1+2+1”的解决方案战略。其中，“1”是指一个开源物联网操作系统 Huawei LiteOS；“2”

是指两种连接方式，包括有线连接（家庭网关、工业网关）和无线连接（2G/3G/4G/NB-IoT）；“1”是指一个物联网平台——IoT连接管理平台。OceanConnect是华为物联网战略的重要组成部分。

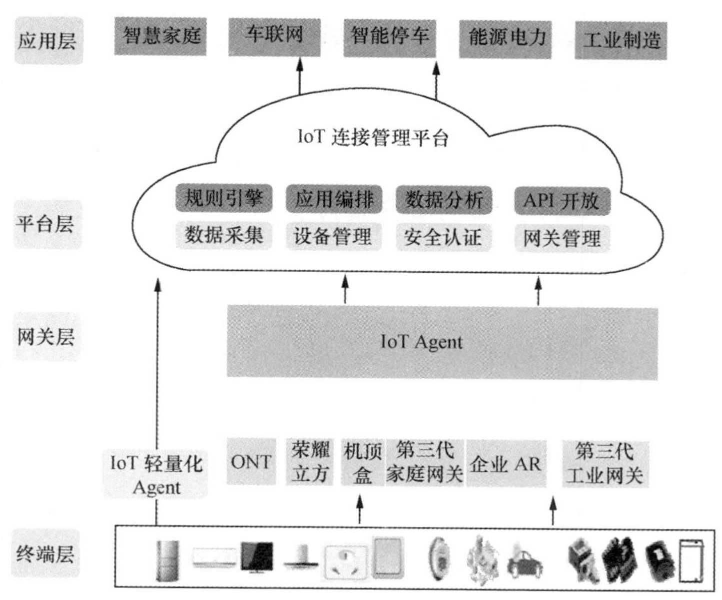

图5-5　华为OceanConnect平台架构

华为OceanConnect物联网平台提供全栈的平台服务，包括连接管理、设备管理和应用使能。有别于其他厂商，在规模化商用中，华为结合运营商网络构建“云网协同”的能力，帮助客户充分发挥NB-IoT海量接入、高并发、低功耗的优势，成为客户实现NB-IoT规模化运营的关键支撑。例如，网络感知的准实时消息下发，数据发送时延比GSM

缩短67%、设备免心跳保活降低应用系统开销95%、云网协同的低功耗管理较GSM峰值电流降低85%、平均电流降低50%、全网消息实时调度较传统平台效率提升90%。此外，华为还提供“一点接入，全球可达”的云服务。据悉，华为OceanConnect物联网平台是面向运营商和企业/行业领域的统一开放云平台。通过开放的API和独有的Agent，华为OceanConnect物联网平台向上集成各种行业应用，向下接入各种传感器、终端和网关，帮助运营商和企业/行业客户快速接入多种行业终端，快速集成多种行业应用。

华为OceanConnect物联网平台的核心价值包含以下四类。

第一类，接入无关（任意设备、任意网络）

接入无关是指IoT连接管理平台支持任意设备的接入和任意网络的接入：支持无线、有线等多种网络连接方式，可以同时接入固定、移动（2G/3G/4G/NB-IoT）；Agent方案简化了各类终端厂家的开发，屏蔽了各种复杂设备接口，实现了终端设备的快速接入；提供了预集成Agent的室内外物联网敏捷网关，给客户提供端到端的物联网基础平台，让客户聚焦自身的业务；平台帮助客户实现了应用与终端的解耦合，帮助客户不再受限于私有协议对接，获得灵活的分批建设系统的自由。

第二类，强大的开放与集成能力

强大的开放与集成能力体现在以下几个方面：已发布

超过 170 个 API 接口，全面满足开发者的开发需求；帮助行业集成商和开发者实现强大的连接安全、数据的按需获取和个性化的用户体验；华为的生态构建支持给各个应用厂商提供零成本的云调试对接环境，快速体验华为 API 并完成新产品的集成；系列化 Agent（AgentLite、AgentIPC、AgentOBD 等）确保了各种类型终端的接入。

第三类，大数据分析与实时智能

IoT 连接管理平台实现了云端平台、边缘网关、智能终端的分层智能与控制，提供了规则引擎等智能分析工具。

第四类，支持全球主流 IoT 协议和标准

华为作为 ICT 标准、开源与产业的重要贡献者，支持主流国际标准的制定与推行，携手构建共赢的产业链与生态圈。

截至 2015 年 12 月 31 日，华为加入 300 多个标准组织 / 产业联盟 / 开源社区，担任 280 多个重要职位，在 IEEE-SA、ETSI、WFA、TMF、Openstack、Linaro、oneM2M、AII，BBF、OASIS、CCSA 等组织担任董事会成员。2015 年，华为提交的提案超过 4800 篇。截至 2015 年 12 月 31 日，累计提交提案 43000 篇。

在物联网领域，华为联合产业界创建 oneM2M，聚焦业务平台标准化，避免产业分裂；在 3GPP、GSMA 积极推动 NB-IoT、LTE-V 及可穿戴设备标准化及产业化，是 IIC、AIOTI、OCF、Thread、OSGi 等物联网重要组织的关键成员。

5.3.3 OceanConnect 的应用案例

2018 年 6 月，华为首次发布 OceanConnect 车联网平台，此平台可满足亿级车辆接入和百万级车辆并发需求。华为车联网与法国标致雪铁龙集团构建了全球最大的前装车联网项目，首款基于华为 OceanConnect 车联网平台的车型 DS 7 已在中国、欧洲地区上线。车联网是工业物联网中一个重要的应用场景，车联网平台是使能车企数字化转型的关键 ICT 基础设施，是智能网联汽车的“数字引擎”。OceanConnect 车联网平台，混合云协同可实现一点部署全球覆盖功能。OceanConnect 车联网平台可通过对车况、驾驶行为等车辆大数据的采集与分析，在云上实现人和车的数字画像，通过精准的车主驾驶行为及出行场景分析，提供智能内容分发和业务推荐等服务。在生态支撑方面，OceanConnect 车联网平台通过数据和业务分离结构，汇聚第三方内容和应用生态，形成以车企为中心的生态系统。在技术演进方面，OceanConnect 车联网平台与 V2X 协同发展，从单车智能到车、路协同智能，使能未来智能交通，提升社会交通整体的安全性和效率。华为云核心网产品线总裁马海旭在 CEBIT 2018 的发言中表示:“车联网引发 ICT 与汽车行业深度融合，实现数字化汽车和智能化服务，支撑汽车行业的转型和变革。平台是车联网的重要组成部分，华为致力于构建人、车、路以及万物互联的智能世界，成为全球车企的首选战略合作伙伴。”

在城市物联网建设方面，潍坊市基于华为 OceanConnect 物联网平台建立了首个城市级物联网平台，实现物联应用各类传感设备的统一接入、管理和数据采集，形成城市级大数据的重要来源。截至 2017 年 12 月，潍坊市的 NB-IoT 网络已经完成布设；以智慧路灯、智慧农业、智慧水务、智慧养老、智慧环保、智慧楼宇、智慧消防、智慧交通、智慧冷库、智慧环卫、扬尘治理等为代表的十二类物联城市应用陆续启动；还成立了“华为—潍坊”物联网产业联盟，已经有 50 多家企业加盟。基于云化架构，华为 OceanConnect 物联网平台支持多种云化部署场景，包括企业私有云、华为运营商合营云、华为云。基于自研的 PaaS 平台，华为 OceanConnect 物联网平台可提供全分布式架构，提供亿级连接能力，而平台功能模块实现微服务化，各功能模块松耦合，可按需独立部署，支持统一资源编排和弹性伸缩。例如，在智慧家庭领域，华为 OceanConnect 物联网平台可利用机器学习提供老人跌倒分析、人脸识别、能源管理等服务；在车联网领域，流数据分析能力可构建预防性维护、LBS 分析、UBI 等能力，帮助汽车厂商等快速构建其应用。值得一提的是，华为 OceanConnect 物联网平台在智慧家庭、车联网、智慧农业、智能停车等领域聚合了上千家合作伙伴，构建了智能家居、车队管理、UBI、智慧农业、智慧燃气、智慧水务、智慧停车应用等多种解决方案，集成了不同品牌类型的数百种传感器。除了华为 OceanConnect 物联网平台，Huawei LiteOS 是华为面向 IoT 领域的物联网操作系统，为终端厂商开发人员提供了“一站式”完整软件开发平台。在芯片方面，2017 年华为提供了 Boudica 120、Boudica 150 等 NB-IoT 芯片，集成了 Huawei LiteOS，可与 NB-IoT 网络和华为 OceanConnect 物联网平台完成无缝对接，降低 NB-IoT 终端的开发难度，加速产品的商用。

在整个物联网布局方面，华为坚持物联网基础设施构建者、平台搭建者、连接创新者、生态推动者的定位，赋能物联网开发者和行业伙伴。华为为合作伙伴提供五大场景的技术支持，包括 NB-IoT、边缘计算网关、家庭网关、OceanConnect 物联网平台、LiteOS 操作系统，涵盖了物联网云管端全面布局。此外，华为还提供了开发者社区培训与认证、OpenLab、全球营销平台等，切实帮助伙伴构建和发展多个场景的生态，快速实现技术变现。对于华为来说，中国是物联网的重要市场。物联网行业的发展需要标准、芯片、产业环境三个关键要素，而经过近几年的发展，中国的物联网产业这三个要素已经成熟，正逐步走向规模商用时期。随着物联网更大规模的商用和技术走向成熟，以物联网为数字化转型的引擎效应会越来越明显。正如雪铁龙和潍坊市所展示的那样，通过与物联网融合来牵引和创造数字化产品和智能化服务、支撑行业的数字化转型和变革，物联网正在成为促进数字化转型的主要动力。

5.4 人工智能：百度大脑

5.4.1 从“搜索”公司到互联网公司的转变

最初百度是作为一家搜索公司诞生的。当时的搜索引擎还是一个基于统计学的技术，但是随着互联网的快速发展，在用户需求和海量数据处理的要求下，搜索引擎变得越来越依赖人工智能和机器学习技术。2010 年，百度开始全面布局包括语音识别、自然语言处理、机器学习、知识图谱、视觉语义等在内的人工智能技术，并在两年后着手深度学习技术的研发，将其用在百度图像、语音等具体应用中。鉴于深度学习技术在实际应用中的惊艳表现，2013 年，百度正式成立了深度学习研究院 IDL（Institute of Deep Learning），众多知名专家纷纷加入，为其人工智能技术的完善和提升不断注入力量。除了在国内，百度在美国硅谷距离苹果公司不远的地方也设有百度深度学习实验室。基于此，百度在全球率先将深度学习技术应用于大规模线上搜索引擎，同时上线了基于深度神经网络的机器翻译系统。

如今的百度已经不能用一家搜索公司来定义了。2016年，李彦宏将人工智能提升为百度集团的发展战略，称“未来5～10年是中国人工智能发展的黄金时间”，在这几年的时间里，无论是雄安新区街头行驶的无人车，还是人们家中日常能听懂开关灯指令的智能音箱，抑或是在智能金融、智能农业、智能健康等领域，百度已经承担起AI赋能的角色，把人工智能技术浸润到社会的方方面面。在2017年的百度世界大会上，李彦宏斩钉截铁地说，百度是一家人工智能公司，而不是互联网公司。现在的百度，无论是其搜索业务还是新业务的发展都基于AI。

5.4.2 百度大脑

“小度小度，我要从三里屯的团结湖地铁站出发路过望京的家乐福，然后再去南锣鼓巷，最后到我家，我要红绿灯少的不堵车的最快的路线，你帮我规划一下路线吧。”

“你有本事再说一遍，我就帮你导航。”

之前，百度地图语音助手——小度被一位网友“调戏”了，并且还把视频上传到了网上。视频中，虽然小度最终没有给出合适的规划路线，但它的回复也可以说是非常机智了。

两个月后，在百度 AI 开发者大会现场，百度高级副总裁、AI 技术平台体系（AIG）总负责人王海峰再次演示了一遍相同的指令。这次小度给出的回答变成了："提供一种规划路线，需要导航吗？"小度不仅听懂了，还给出了正确的反馈。

"小度是一个很努力的同学，经过这段时间的学习已经学会了如何回答这个复杂的问题。"王海峰说，"在这背后，除应用了地图本身的技术之外，实际上还有百度大脑语音识别和自然语言处理合成技术的支持。"

2014 年，百度大脑诞生。当时，百度几乎是国内最早宣布开展人工智能研究的互联网巨头，人们对百度大脑毫无概念，以至于在很多人的想象之中，它就像电影《机械公敌》中的超级大脑 ViKi，具有总领其他机器人的能力。

之后的几年，百度用具体行动告诉了人们，什么是百度大脑。百度大脑是 2016 年李彦宏在百度世界大会上正式对外发布的超大规模神经网络，经过多年的技术升级和研发投入，目前百度大脑已经成为人工智能领域的领跑者。从 2016 年百度世界大会上百度大脑 1.0 的公布，到百度 Create 2017 年百度大脑 2.0 亮相，再到 2018 年百度 AI 开发者大会上百度大脑 3.0 的现身，百度大脑在三年时间内完成了三次转变。

2016 年，百度大脑 1.0 完成基础能力搭建和核心技术的初步开放，对外开放了 20 多种能力。这个超大规模的神经网络 + 计算能力 + 大数据的体系第一次展现了 AI 对全社会的开放赋能想象空间。

2017 年，百度大脑 2.0 形成了完整的技术体系，包括基础层、感知层、认知层、平台层等在内的完整技术布局，开放了 60 多项 AI 核心能力。

2018 年，百度大脑 3.0 则在业界首次提出“多模态深度语义理解”的概念，形成了从芯片到深度学习框架、平台、生态的 AI 全栈技术布局，开放了 110 多项 AI 能力。百度大脑开放平台架构如图 5-6 所示。

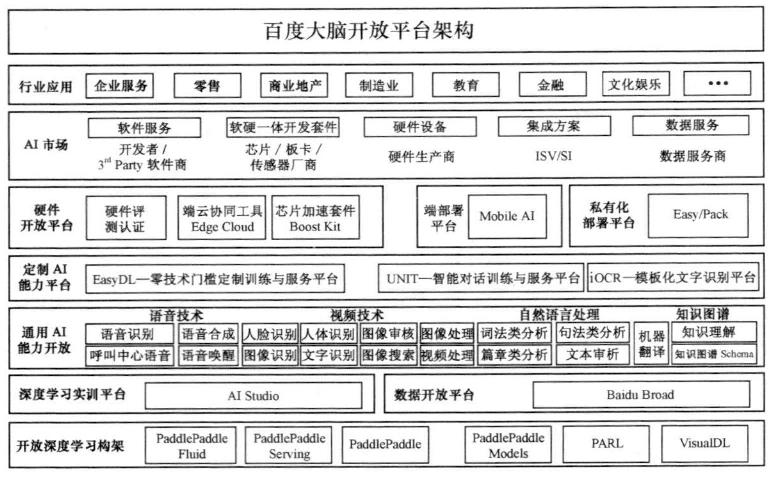

图5-6　百度大脑开放平台架构

百度大脑 3.0 拥有多模态深度语义理解，具体指对文字、声音、图片、视频等多模态的数据和信息进行深层次多维度的语义理解，包括数据语义、知识语义、视觉语义、语音语义一体化、自然语言语义等多方面的语义理解技术。也就是说，它不单单能够让机器拥有看和听的功能，还能够让其深入地去理解其中的含义，这样能把人工智能诠释到极致。对于百度大脑 3.0 来说，这项功能可以说意义深远，让人们真正地进入了人工智能时代。

在实际应用方面，百度大脑 3.0 能够分析球赛的场景。机器可以识别出比赛视频中的球员、裁判、球以及球门、球场线等人、物和场景，可以捕捉射门、进球、角球、任意球、换人等事件，进而提炼出结构化的语义信息。基于这样的信息，既可以完成机器人的自动解说，又可以进行精彩片段集锦、各种数据统计分析等。

在运用百度大脑视觉语义技术去无人超市购物时，百度大脑中的视觉语义技术能够准确地判断出顾客行为的动机。例如，在顾客购买商品时，顾客选择商品、互换商品位置等行为都能够通过这种视觉语义技术对其动机进行判断。除此之外，顾客在购物完毕即将付款离开时，可以通过面部识别的方式自动扣款。

除了这些，百度大脑还可以大大提高语音识别的流畅度以及自然度，可阅读近一千亿篇文章，这样的效率足以让世人为之惊叹。

5.4.3 百度大脑与自动驾驶

自第一辆福特 T 型车下线后的一百多年里，人类从未放弃自动驾驶汽车的梦想。而在 21 世纪初的几年时间里，人类似乎看到了实现这个梦想的机会。

从 2004 年开始，美国国防部高级研究计划局（DARPA）连续三年组织了多次自动驾驶比赛，比赛吸引了来自全美多所名校的教授、学生。尽管有些组装的汽车最终完成了挑战，但人们也发现了自动驾驶落地的真正难点并非研发出一辆汽车，更大的困难还包括如何降低成本，汽车厂商不可能让大众可以接受一辆研发成本 200 万美元的汽车。再如，汽车作为一款交通工具，首先考量的是安全性，自动驾驶汽车是否能够完全符合汽车行业对于安全的要求，这一切都是未知数。

2018 年中国自动驾驶俨然进入一个快车道。在各地利好政策的推动下，自 2018 年 4 月开始，上海、北京、重庆、深圳先后开启了自动驾驶城市道路测试；2018 年 7 月在百度开发者大会上，基于 Apollo 平台，百度和金龙客车合作的全球首款 L4 级量产自动驾驶巴士“阿波龙”正式量产下线，到了 2018 年 8 月，Apollo 继续霸占中国自动驾驶市场的新闻。例如，百度 Apollo 和神州优车的合作，双方将探索 10 万辆级自动驾驶车队的商业化运营，开始推行“自动驾驶 +

共享出行”的商业模式；而百度 Apollo 与长城汽车合作，双方将于 2020 年年底实现自动驾驶汽车的量产，百度也成为长城 WEY 品牌的自动驾驶高精地图和自定位技术的指定合作伙伴，这意味着百度成为国内首个真正实现了 L3 级自动驾驶高精地图商业化量产的地图提供商。此外，继比亚迪之后，长城汽车也加入了 Apollo 开放车辆认证平台。

事实上，Apollo 自诞生到现在不过一年半的时间，能在如此短的时间里，不仅开放平台更新迭代到 3.0，而且在技术、生态和商业化探索上取得不少令行业激动的进展，这得益于百度过去多年在自动驾驶领域的人力、物力投入。但鲜为人知的是，支撑 Apollo 平台底层技术的“基础设施”百度大脑发挥了巨大作用。

首先，自动驾驶汽车绝非“摄像头 + 传感器 + 传统汽车”这么简单，而是一种驾驶理念的颠覆。如何让汽车学会感知、学会规划并学会对不断变化的环境进行反馈，这需要顶层系统的支持，也是摆在任何自动驾驶研发者面前的首要难题。依托百度大脑，Apollo 平台已经可以提供环境感知、行为预测到规划控制、高精地图、高精定位等一整套完整的技术解决方案，这凸显了百度大脑在 AI 核心技术的全面布局和深厚积累。

其次，Apollo 作为一个开放平台，需要承载不同厂商、不同车型的技术要求，这也要求底层的百度大脑具有更灵

活、更弹性的系统设计。尤其是百度大脑如何应对平台级别的技术调用需求。

2017年7月5日，百度Apollo平台正式亮相并发布Apollo 1.0版本。两个月后，Apollo1.5版本发布。

2018年CES期间，发布仅8个月的自动驾驶平台Apollo迎来2.0版本升级，从整体架构、安全性、感知能力以及模拟器方面都得到提升和优化。

7个月后，Apollo 3.0在百度开发者大会上亮相，带来了一个新架构、两个新平台以及四个量产解决方案的升级。

这一系列的创新迭代之快令行业震惊。伴随快速迭代的系统版本，Apollo生态也从无到有、从一到多，快速成长为世界级的自动驾驶开放平台。公开资料显示，Apollo平台已经开放了22多万行代码，其托管在GitHub上的开放代码数量在一年之内增长了6倍，而且还被10000多名开发者推荐使用。目前，Apollo平台已经拥有119家生态伙伴。

要支撑如此快速的自动驾驶发展需求，百度大脑是如何应对的？

其一，持续推动基础技术创新。以百度大脑3.0为例，其核心“多模态深度语义理解”就是对文字、声音、图片、视频等多模态的数据和信息进行深层次多维度的语义理解，涵盖了数据语义、知识语义、视觉语义、语音语义一体化、自然语言语义等多方面的语义理解技术。这也意味着通过“多模态深度语义理解”，机器可以在听清、看清的基础之上，更加深入地理解它背后的含义，深刻地理解这个真实的世界。

其二，进一步提升算力。从某种意义上说，自动驾驶汽车就是一个“移动的数据生成器”，海量的数据需要实时计算，更需要低成本计算。2018 年，百度大脑在过往计算能力的基础上推出云端 AI 芯片“昆仑”，专门针对语音、图像、NLP 等计算需求，不仅能够大幅提升 AI 芯片的计算能力，还能大大降低其计算成本（官方给出的数字是降低原成本的 10%）。未来百度还将推出专门针对自动驾驶场景的 AI 芯片。

第六章　应用创新：改变生产生活方式

创新，可以从需求的角度而不是从供给的角度给它下定义：改变消费者从资源中获得的价值和满足。

——德鲁克

应用创新源于用户需求，以用户为中心，为用户带来价值的创新应用设计。当技术和应用激烈碰撞融合时，就会诞生出引人入胜的模式创新和行业发展的新热点。数字化生产车间高效运转，智能工厂助力企业生产；协作机器人，你和我，一起工作；街头的无人驾驶汽车，解放双手，安全出行；智能开关、扫地机器人、智能电器让生活更美好；智慧城市助力解决城市拥堵，让城市更便捷……各种各样的智能应用创新产品指向不同的细分场景，正融入我们生活中的衣食住行，改变着我们的生活和生产方式。可以预见，在未来，新技术将在更多更复杂的领域取得重大突破。

6.1　智能工厂：格力“黑灯工厂”

6.1.1　制造业发展以及中国制造业的困局

在工厂这一生产形式出现之前，人类的生产方式一直是以家庭为单位的手工业生产。这种方式虽然可以自给自足，但是效率和产品质量并不能保证。到了英国殖民时期，英国在其殖民地获得了大量的劳动力，原来的家庭手工生产方式不能满足英国对于生产速度的要求，所以为了获得更高的生产效率和更好的产品质量，也为了更便于管理工人，英国殖民者把工人集中起来进行手工业生产，这就是最初的工厂。

20 世纪初期，福特工厂的流水线生产模式是现代工厂的雏形。这种生产模式有利于生产原料的分配，也使工人的管理和培训更加简单，大大提升了工厂的生产效率。进入 20 世纪中后期，机器人在日本工厂中被大量使用，电脑控制机械臂能够更为快速地完成一些简单的工作，并且机器人的出错率要远低于人类，使产品的质量进一步提高，如图 6-1 所示。很多人说，中国是世界的工厂，这其实是很切合实际的一种表达，20 世纪七八十年代，中国的制造业只占全球的3%，2018年这一数字已经达到25%，其中服装占全球的60%，移动电话占全球的70%，白色家电更是达到了80%。可以说，中国制造业的发展为世界经济的发展注入了一剂猛药，同样也为中国的发展起到了巨大的推动作用，2018年，中国制造业为中国GDP贡献了大约29.4%。

图6-1　汽车生产流水线

数据显示，我国目前大约有1亿人从事制造业，所以很明显中国制造业的发展一大部分要归功于低廉的劳动力。但是随着中国的发展，从事底层工作的劳动力越来越少，劳动力的价格也是水涨船高。进入21世纪以来，中国的劳动力以每年12%的速度增长，这一速度是很快的，导致如今中国制造业的人工成本越来越高，所以现在许多国外品牌的代工厂逐渐撤出中国，前往劳动力更为低廉的东南亚地区。数据显示，中国的出口额在 2009 年首次下跌，到了 2018 年，这一情况更是不容乐观。中国现在的制造业急需寻找新的出路。

6.1.2 格力的“黑灯工厂”

珠海格力电器股份有限公司成立于 1991 年。公司成立初期，主要依靠组装生产家用空调，现已发展为多元化、科技型的全球工业集团，其产业覆盖空调、生活电器、高端装备、通信设备等领域，格力的产品已远销到 160 多个国家和地区。格力电器坚持创新驱动，提出研发经费“按需投入、不设上限”的理念。仅 2017 年，格力集团的研发投入就达到 57 亿元。经过多年的积累沉淀，格力集团目前申请专利 50360 项，其中发明专利 23435 项，在国家知识产权局排行榜中排名全国第六，在家电行业中排名第一。格力电器现拥有 24 项“国际领先”技术，获得 2 项国家科技进步奖、1 项国家技术发明奖、4 项中国专利奖金奖。格力电器还坚持转型升级，以供给侧结构性改革为导向，坚守实体经济，加快推进高质量发展，人均产值从 2012 年的 91.2 万元提升至 2018 年的 149.6 万元。格力电器加快推进产业布局转型升级，自 2013 年起，相继进军智能装备、通信设备、模具等领域。目前，格力智能装备已为家电、汽车、食品、3C 数码、建材卫浴等众多行业提供服务，格力已经从专业的空调生产企业迈向多元化的高端技术产业。2018 年，格力集团营业总收入突破 2000 亿元，净利润超过 260 亿元。

所谓“黑灯工厂”，其实是自动化、智能化程度很高的工厂，极少需要人工干预，当工人下班时，关掉工厂里的灯，工厂仍然能够有条不紊地进行生产工作。从“工业 4.0”和“中国制造 2025”来看，智能工厂是大势所趋。目前，较为典型的是西门子安贝格工厂和格力的“黑灯工厂”。“黑灯工厂”中的机器人相比人类有着许多无法比拟的优势。例如，机器的出错率更低、效率更高，而且可以 24 小时不间断工作，如图 6-2 所示。

图6-2　黑灯工厂

不只是中国，世界上许多其他国家也开始了智能工厂的建设，而且起步比中国要早，发展也比中国快。为赶超其他发达国家，中国决定投资几十亿元用于智能工厂的建设，争取早日达到世界领先水平。格力在这方面所做的努力已经取得了不错的成果。

格力作为中国几十年来成功的制造业企业，十分明白人在制造业中的优缺点。人在生产中具有很大的能动性和创造性，但也有很大的不稳定性和局限性。随着高端制造业的不断出现，特别是流水线生产对人的能动性和创造性需求降低，且工作能力不稳定（如容易出错）、局限性（如劳动效率）的问题更加突出。

为了应对现如今制造业的困局，格力开始寻求出路，在智能工厂上的不懈探索使格力走在了国内的前列。格力无人工厂的建立不仅使遇到的困局迎刃而解，而且使生产效率大幅提高，产品的质量也得到了提升。可以说，格力在无人工厂上的探索为中国的制造业探明了前进的道路，为中国制造业的蓬勃发展指明了方向。

现在，当人们走进偌大的格力生产车间时，会发现以往人挨着人的、密集的工作场面已消失不见，取而代之的是整齐有序的自动化生产流程。一排排的工业机器人运动灵活自如，生产程序井井有条。无人驾驶的运输小车沿着特定的轨道在厂房各处有条不紊地行驶着。数字化控制的生产机组让庞大的车间内工人变得屈指可数。

这正是格力目前全力以赴的事情——自主研发、自主制造，以智能制造定位未来，全面实现格力的无人化生产。目前，由格力自主研发的自动化产品已覆盖工业机器人、智能 AGV、数控机械手、大型自动化线体等十多个领域。工业自动化正改变着这家传统空调制造企业的生产方式，使制造方式向柔性化、定制化方向变革，让生产方式更加灵活。

2018 年 9 月 19 日，在上海开幕的第二十届中国国际工业博览会上，格力发布了新品“G-FMS 柔性生产线”。其中，最引人注目的便是满场忙碌的格力智能物流仓储装备——上下料、分拣、堆放、搬运……格力智能物流仓储还包括新能源化成分容立体库、整体智能物流、直线 RGV 穿梭车、环形轨道 RGV 穿梭车、堆垛机、穿梭子母车、WMS 仓储管理系统、WCS 物流调度系统等众多装备，这些物流仓储设备是实现格力无人工厂的重要一环，它们的加入让每件货物行动起来，为工厂生产省去了不少人力成本。在格力的重点产品“G-FMS 柔性生产线”中，AGV 智能物流设备——移载式 AGV 和与其配套的 AGV 调度系统，作为生产线中极为重要的一环，为整条柔性自动化生产线的高效率、高质量、低成本提供了强有力的支撑。

6.1.3 “黑灯工厂”背后的力量

目前，格力电器在全国有 8 个基地，基本都实现了无人工厂，即用机器代替人的操作。这种现象是实体经济转型升级的一种表现。那么这种无人工厂转型升级背后的力量是什么呢？

作为一家生产空调的专业类企业，随着制造业转型升级，格力电器找到了一个方向——要想生产精品需要更多先进的设备支撑，必须拥有自己的核心技术。要推动制造业转型升级，拥有更多的市场话语权，人才储备至关重要。格力认识到人才的重要性，也非常重视人才的培养。格力现在有 12 个研究院，1 万多名技术研发人员，基本能满足自身制造业转型的需要。

“中国制造在转型的时期，最重要的就是制造业能够创新。具有创新的能力才能改变我们过去传统的生产模式。中国制造要走向世界，必须解决的核心问题就是创新问题。过去的制造业是依赖于别人的技术，关键的核心部件都靠买，通过买来的技术进行组装而成为中国的产品，但是今天已经发生了根本的变化。我们以格力电器为例，是因为它具有强大的创新能力，已经从一个简单的‘黑灯工厂’

变成今天创造设计的‘黑灯工厂’，背后就是我们的智能装备。”这是董明珠在全国人民代表大会上所说的一段话。

无人工厂背后所需要的是大量的智能化工业机器人，如图 6-3 所示。智能化工业机器人背后需要的是先进的自动化设计技术，所以智能化工业机器人的实力也就在某一方面代表了一个国家高端制造业的水平。美国波士顿咨询公司最新发布的报告认为，未来十年，性能更好、价格更低的机器人将加速替代人工，这种趋势在东亚地区尤为明显，中国将成为机器人推广相对迅速的国家之一。随着“黑灯工厂”这一概念的提出，世界各国都在加强无人工厂的建设。作为有着世界上最大制造业的中国，在这一方面当然不甘落后，所以中国的工业机器人市场十分庞大。数据表明，中国在2013年已经成为世界上最大的工业机器人市场之一。

图6-3　大展拳脚的智能化工业机器人

“掌握核心科技”是格力的口号，为了拥有更多的市场话语权，格力积极投入工业机器人的研发。在全面实现无人化生产的宏伟目标下，格力数控五轴机械手应运而生，实现了制造业企业自动化转型的新跨越。五轴机械手是一款智能型的桁架机械手，采用伺服驱动、总线通信以及专用的运动控制系统，主要用于注塑件的自动化取件和数控机床自动化上下料。

目前，格力五轴注塑机械手已成功应用于各种取件场合，包括取件烫金一体应用、双色模取件应用、取件整形应用、丝印烘干一体应用、自动装镶件应用、多零件抓取应用以及大型双色机应用，格力的无人化生产改变了这家制造企业的生产方式。如今的格力已经进入以智能制造和工业自动化为核心的全面升级阶段。

2018 年，格力电器赢利增长了 500 亿元，增长率达到 33%。支撑格力电器赢利增长的关键源于其走了一条自主创新、自力更生的道路。

6.2　智能装备：“熊猫”协作机器人

想象一下，你完成了自己的工作任务，到了周末想要好好休息一下的场景。周六早上，清晨的微光透过窗帘照射在你的脸上，你伸了个懒腰，昨天晚上睡眠质量很好。洗漱过后走到厨房，端起一杯煮好的咖啡，吃着自己喜爱的点心，度过了一个惬意的早晨。早饭过后，你坐在沙发上看着自己喜欢的电影，饮料和水果已经送到身边，一切是那么自然舒适。

可能你会说，想要这样的生活得请一个保姆吧。也许以前是这样，但是现在，或者说不久的将来，这些工作完全可以交给协作机器人去做。协作机器人与之前出现的工业机器人不同，协作机器人更加安全、轻量化、容易操控，也就是说，它可以进入我们的生活，代替我们做一些机械的工作，从而为我们节省很多的时间。

2017 年由高工产研机器人研究所和丹麦尤傲机器人有限公司联合发布的协作机器人行业发展蓝皮书指出，2016 年，全球协作机器人的销量为 1 万台，市场规模为 20 亿元，同比增长了 91%，并且预测协作机器人在全球的市场份额将继续大幅增长。到 2020 年，协作机器人销量将会达到 5 万台，市场份额将会接近百亿元，每年的涨幅在 60% 左右，而工业机器人的涨幅每年仅为 10% 左右。

福伊特公司看中了协作机器人巨大的市场潜力，与机器人技术公司弗兰卡·艾米卡（Franka Emika）达成合作关系。弗兰卡·艾米卡公司在轻型机器人的设计和制造领域处于领先地位，福伊特与弗兰卡·艾米卡公司强强联手，优势互补，开发出可以商业化的协作机器人，使两家公司在数字化进程中迈出了坚实的一步。

弗兰卡·艾米卡公司研发的第一代协作机器人，称为弗兰卡·艾米卡“熊猫”号机器人。2018年，“熊猫”协作机器人在德国汉诺威工业博览会展出，出席开幕式的德国总理默克尔在福伊特公司首席执行官和弗兰卡·艾米卡创始人的陪同下参观了“熊猫”机器人，并在几分钟内学会了机器人的简单操作和编程。默克尔总理相信，“熊猫”协作机器人会在几年内遍布全球。

之所以这么认为，是因为协作机器人有着工业机器人和其他机器人无法比拟的优势。一个优势是使用起来更加安全。为了验证弗兰卡·艾米卡机器人的安全性，它的创造者在机器人的机械臂上安装了一把锋利的匕首，然后编了一个程序让机械臂刺向自己的胳膊，当匕首碰到其皮肤的一瞬间，机器人就停止了动作，这个实验不禁让人们感叹机器人的安全性和灵敏性。这种安全性对于工业机器人是很难实现的，因为工业机器人只能完成特定的一组程序，并不会因为环境的改变而改变接下来所运行的程序，所以在工业机器人工作时干扰它是很容易对人员造成伤害的。

另一个显著的优势是价格。弗兰卡·艾米卡机器人的售价仅为1万美元左右，配置更高的协作机器人售价也不会超过5万美元，而工业机器人的售价高达几十万美元，而且协作机器人可以做到开箱就能使用，省去了工业机器人一系列的安装和防护费用。再者，工业机器人的编程和调试十分复杂，需要专业的工程师花费大量的时间才能完成，而协作机器人的编程和使用十分简单。例如，第一次见到协作机器人的默克尔总理就在几分钟内学会了机器人基本的操作和编程。

“协作”是协作机器人的奥秘所在，它的意思是人和机器人共同完成工作，实现人机交互。现在工业生产中的很多工作只能由人工来完成。例如，精密产品的包装和易碎物品的生产，这些工作无法交给工业机器人来完成，因为工业机器人的运作方式较为粗暴，很难将这些工作很好地完成，但是如果将这些工作交由人工完成，效率又太低，而且人工成本十分巨大，所以人工不可能是未来工业生产的发展方向。协作机器人的出现打破了这一格局，它可以帮助人类完成一些简单的机械化工作，人类则可以完成更加复杂的工作，这样便大大提高了生产效率。而且之前也提到过协作机器人并不会像工业机器人那样伤人，这就让工人在操作时安心了许多。

不仅在工业上，在生活中，协作机器人同样可以给人们提供很多帮助。在博览会上演示的“熊猫”机器人可以进行榨果汁、冲咖啡、清洗茶杯等工作，当然也可以发挥自己的想象力将它应用在生活中的方方面面。这样你就会拥有一个属于自己的智能化保姆，使自己的生活变得和本节开头中所提到的那样自然舒适。

6.3　智能产品：特斯拉无人驾驶汽车

你是不是也想和蝙蝠侠一样，拥有一辆蝙蝠车，可根据你的设置和日程，不用自己动手，汽车便可以自动驾驶，把你送到目的地？如果这样的想象能够成为现实，那么下了班之后你就只需躺在车上休息，然后就可以等待到家后的舒适生活了。也许你觉得想要把这一切变成现实需要一个司机或出门打车，但是从现在科技发展的趋势来看，这一切在不久的将来就会变成现实，因为无人驾驶已经来到了我们的现实世界。

无人驾驶通过在汽车上装载的雷达、GPS、传感器、电脑视觉等设备来感受汽车周围的环境，配合先进的控制系统，判断汽车下一步需要做出的操作，从而达到解放人类双手、实现自动驾驶的目的。无人驾驶的历史需要追溯到20 世纪 80 年代，当时人们已经意识到无人驾驶的重要性，卡内基梅隆大学推动了 Navlab 计划和 ALV 计划，梅赛德斯 -

奔驰公司也与德国慕尼黑联邦国防大学合作实行尤里卡普罗米修斯计划。从那之后，世界上许多高校、科研机构、公司都开始涉足无人驾驶领域。

进入21世纪，无人驾驶的发展更是突飞猛进。谷歌公司于2009年开始在高速路上测试无人驾驶系统，2012年开始在城市道路上测试无人驾驶系统，已经获得加州无人驾驶牌照，并且宣布在2020年发布一款真正意义上的无人驾驶汽车。知名租车公司Uber（优步）则和沃尔沃汽车公司合作，2016年在美国匹兹堡推出自动驾驶出租车服务，后来又并购无人驾驶货车公司Otto，宣布会以最快的速度将Uber公司旗下的100名司机替换为机器人。2014年，特斯拉开始进入无人驾驶领域，虽然特斯拉的起步较晚，但是进步却是最快的。2016年，马斯克宣布所有新生产的特斯拉电动汽车都会配备增强式辅助驾驶系统，并推出了高级辅助驾驶系统Autopilot。特斯拉已获得加州无人驾驶牌照，致力于研发比人类手动驾驶安全十倍的无人驾驶技术。

我国的无人驾驶技术出现于1992年，当时国防科技大学研制出我国第一辆无人驾驶汽车。2009年，我国国家自然科学基金设立了无人驾驶项目，2011年，一汽与国防科技大学合作研发的红旗HQ3完成了总里程286千米的无人驾驶，其中人工干预的里程数占比仅为0.78%。2012年，军事交通学院研发的“军交猛狮 3”实现了 114 千米的无人驾驶，最高时速达到 105 千米 / 时。2013 年，百度也开始了自己的无人驾驶计划，并且于 2016 年成功实现了红绿灯识别、行人避让、并线超车等功能。

不仅仅是这些科技公司和汽车公司看到了汽车未来的发展方向，政府也在行动。2016 年，美国交通运输部发布了《联邦自动驾驶汽车政策指南》，2017 年和 2018 年，美国交通运输部发布了《自动驾驶 2.0：安全展望》和《自动驾驶 3.0：准备迎接未来交通》；2018 年，欧盟发布了《通往自动化出行之路》；2016 年，我国国家发展和改革委员会、交通运输部联合发布了《推进“互联网 +”便捷交通，促进智能交通发展的实施方案》，2017 年，工业和信息化部、国家发展和改革委员会、科技部联合发布了《汽车产业中长期发展规划》，2018 年，国家发展和改革委员会发布了《智能汽车创新发展战略》。这些政策的发布都预示着在未来几年，我们的出行方式将会有巨大的改变。

美国国家公路交通安全管理局将自动驾驶技术分为 6 个等级：等级 0，属于这个等级的汽车是完全由人类手动控制的；等级 1，在这个等级下，由人类驾驶车辆，但是某些装置是自动运行的，如防抱死系统；等级 2，在这个等级下，仍然由人类手动驾驶汽车，但是汽车会配备一些辅助系统来减轻人类的驾驶负担，如定速巡航、自动跟车、紧急刹车系统等；等级 3，处于这个等级的车辆已经可以进行简单的自动驾驶了，但是人类需要坐在驾驶座上时刻注意着车辆的运行情况，并且在发现车辆出现异常时控制车辆，以免出现事故；等级 4，在这个等级下，车辆的自动驾驶功能已经很强大了，除非路况十分复杂或天气特别糟糕，那么完全可以实现自动驾驶，人类一般不需要进行干预；等级 5，到了这个等级车辆就不需要方向盘了，人类完全不需要操作车辆，自动驾驶期间可以在车内睡觉、看书等，这也是自动驾驶的终极目标。

无人驾驶能够成为汽车的未来并不仅仅是解放人类，相比于传统汽车，它还有许多其他的优点，如更安全。每年因为交通事故死亡的人数约为 120 万人，而无人驾驶系统有着比人类更快的运算能力和更强大的感知周围环境的能力，所以能够在驾驶过程中做出比人类更准确的判断。另外，由于具备更高的安全性，车辆的速度限制也会进一步提高，大大提高人类的出行效率。无人驾驶也不会像传统驾驶那样对驾驶人有年龄或身体状况的限制。无人驾驶会大大减少汽车的数量，可以合理调控车辆，实现需要用车时就有车辆随时等候，也就是车辆共享，而不是每人购买一辆车。另外，由于去除了驾驶座，车辆的内部空间也会得到更高效的利用，车辆的外形也会有所变化。

以上描述的无人驾驶的优点仅仅是通过现有的技术想象出来的，等到以后真正实现无人驾驶的时候，肯定会有更多我们现在想象不到的优点，所以无人驾驶必定是汽车发展的未来。

虽然谷歌、百度、奔驰等公司已经开始对无人驾驶有所研究，并且也实现了少量的商业量产，但是目前为止只有特斯拉在无人驾驶的研究和商业化上是最为成功的。现在特斯拉所生产的所有车型都配备了全自动驾驶功能的硬件，其中，包括视野范围达到360°的8个摄像头，可以检测车身周围100～250米内的环境情况，并且还配备了12个超声波传感器作为视觉系统的补充，通过超声波传感器可以确定所检测物体的柔软程度。除此之外，车辆还配备了多个雷达，能够在恶劣的天气下检测车辆周围的情况，甚至可以检测到前面车辆下方的空间，为全车的视觉系统提供更为全面的数据，为车辆做出正确的判断提供更多的信息。

特斯拉汽车所配备的无人驾驶系统的运算能力十分强大，可以通过特斯拉自主研发的神经网络高效处理由摄像头、传感器、雷达所获取的信息，使系统能够看到车辆的任何一个方向，远超人类的感官系统。借助强大的软件和硬件能力，你可以在高速公路上完全任由车辆自己驾驶，在城市道路上也可以做到自如地在拥挤的车辆中穿梭，并且特斯拉宣称自己的自动驾驶系统的安全性比人类驾驶高出两倍以上。

可以毫无疑问地说，无人驾驶是汽车的未来，但是也有人会质疑这些越来越智能的技术，认为这些技术会不会让人类变得越来越懒。这些是不用担心的，因为这些人工智能节省的只是人类无效的时间，人类利用节省下来的时间可以去做更多有意义的事情。

6.4 智慧生活：小米智能

6.4.1 智慧生活：每个人都需要

每个人可能都有过这样的经历：冬日外出归家，推开门摸到玄关灯打开，脱掉外衣打开客厅灯再去关掉玄关灯，打开电视机，走到窗边拉上窗帘，到厨房烧热水，再坐到沙发上，长出一口气，感到无比疲惫。

如果把这一切交给智能家居来完成呢？推开门，玄关自然亮起温暖的灯，厨房的热水壶开始加热，烧出温度刚好的水；你脱掉外衣走进客厅，玄关灯熄灭，客厅灯亮起，窗帘缓缓地拉上，电视打开，开始播放你最喜欢看的频道。

你坐下来，主灯亮度变低，氛围灯渐渐变成让人放松的绿色，你松弛了紧绷一整天的神经。

上面这种场景在生活中很常见，谁去关灯，谁去扫地，谁去开空调，这些事情如果协商不好，就很有可能破坏家庭和谐。但是，如果你的居家用品足够智能，用手机或通过语音指令就可以控制一切的话，是不是很美好呢？这就是智能家居，如图 6-4 所示。

图6-4　智能家居

前面我们已经说过，将汽车联网后有很多好处，同样将居家用品联网后会给我们的生活带来很多的便利。所谓智能家居，就是依托自己的住房，通过物联网技术将家里的各种设备连接起来，实现统一的智能化管理。这种系统具有智能灯光控制、智能温湿度控制、智能电器控制、智能家庭安全系统等。不仅如此，这套系统还具有学习功能，能够了解你的生活习惯、日常爱好，让你在感觉不到它存在的同时，享受这套系统带来的便利性和智能化。这套系统可以让你的生活更加高效、舒适，并为你创造节能环保的居住环境。

6.4.2 智能家居的前身

智能家居早已不是一个新鲜的概念了，世界首富比尔·盖茨早在20世纪就耗费巨资建造了自己的科技豪宅，这座房子实现了高科技与日常生活的完美融合，成为世界上最聪明的房子，被称为“未来屋”。

在这座房子中，比尔·盖茨可以随心所欲地控制一切，因为家里的一切电器都通过无线网络连接在一起，包括各种传感器和电器，它们可以自动控制家里的温湿度、亮度，传感器感应到人后自动打开相应电器，人走之后电器自动关闭，实现节能环保，而且这些东西都可以通过手机或声音控制。例如，比尔·盖茨在回家的路上感觉很热，就可以通过手机将家里的温度调控到舒适的温度，并且向榨汁机发出指令；到家之后，他就可以在适宜的温度下喝一杯清凉的果汁。除此之外，他在这座房子中的各个角落都安装了先进的设备。例如，在房子外面安装天气感知设备，用以感知气候变化，使房子内部自动调节好舒适的温湿度和通风情况。花园中的设备可以感知植物的生长情况，当检测到植物需要浇水或施肥时，相应的设备就会自动完成这些工作。比尔•盖茨还有一个十分先进的工作室，在工作室中，他不仅可以看到家里所有设备的运行情况并且控制它们，还可以通过连接视频与其他人开会。

这样的智能家居不仅对房子的主人来说非常方便，对于来访的客人而言也非常人性化。来访的客人会得到一枚胸针，这枚胸针中有电子芯片，电子芯片中储存着来访者的生活习惯和喜好。在到达这座房子时，客人不需要钥匙也不需要有人开门，通过胸针的电子感应就可以很方便地进入这座房子。当客人进入卧室后，卧室会根据胸针中的电子标签为其设置他喜欢的壁纸，并且播放他喜欢的音乐。另外，客人还会得到一个触控板，用以调节自己所处区域的灯光亮度、温湿度、播放的音乐等，甚至在泳池中也可以听到自己喜欢的音乐。

如此智能的房子肯定也要安全。首先，在没有邀请的情况下别人是不能进入这座房子的。如果你被邀请进入这座房子，但是主人只允许你进入房子的某些区域，那么另外的区域你是打不开房门的。如果家里发生了火灾，智能系统会在第一时间自动报警并且说明火灾情况，并切断火灾可能会影响到的电路，以免造成更大的损失。除此之外，房子的各个角落都被摄像头监控着，各种小动作都会被看得一清二楚。

建造这样一座房子是一项十分浩大的工程，这座房子共花费了 9700 万美元，折合人民币 7 亿元左右，整个工程持续了将近七年。由于整个房子的所有电器都连接在一起，并且还要满足很高的宽带要求，所以整座房子一共铺设了 84 千米的光纤电缆。如此巨大的数字对于普通人来说是不可想象的，也许只有世界首富才能拥有这样的生活吧，但这也确实是未来人类的生活方式。

现在已经是 21 世纪，科技水平相较于 20 世纪已经有了巨大的进步，并且智能家居的市场份额越来越大。2017 年，我国智能家居市场规模为 3000 亿元人民币，2018 年达到 4000 亿元人民币，预测到 2022 年市场规模将会达到 1550 亿美元。如今很多公司都已经进军智能家居行业了，例如，小米、亚马逊、谷歌、阿里巴巴等，这些公司已经推出了一些智能家居产品，并且智能家居的价格也很平易近人，如亚马逊 Echo 智能音箱、小米 AI 智能音箱等。

6.4.3 小米智能家居

毫无疑问，小米已经走在了这一行业的前列。2017 年 7 月 26 日，小米发布小米 AI 智能音箱。这款音箱可以通过 App 与手机连接，然后完成各种工作。一声“小爱同学”就可以唤醒它，然后对它发出各种指令。例如，在睡觉前你可以说：“小爱同学，记得明天早上六点叫我起床。”那么明天早上你就会被优美的音乐唤醒。或你在工作时想听一些音乐，你就可以说：“小爱同学，播放我喜欢的音乐。”如果你觉得音量太大，还可以让它把音量调小一些。你还可以让它帮你记笔记，并且把这些笔记同步到你的印象笔记中。你可以设置提醒，以免忘记任何一件重要的事情。你还可以在出门前询问小爱同学今天的天气怎么样，需不需要带伞，或需要穿什么衣服，甚至你还可以问它今天是否限行。如果家里有宝宝，那么音箱还可以作为智能家教机，小爱同学能够运算加减乘除，能够背诵古诗，能够发出动物的声音，通晓百科知识，对“十万个为什么”能够对答如流。不仅如此，小爱同学还可以实现中英文翻译、读小说、找手机、单位换算、购买股票、饮食百科的查询，甚至还具有其他查询功能。

仅仅这些？当然不是。这并不是智能家居，这只是智能音箱，当你连接到其他小米智能家居上时，你就会感受到它的强大功能。现在小米发布的智能家居已经包括小米电视、智能空调、空气净化器、小米路由器、空调伴侣、多功能网关、智能插座、人体传感器、天然气报警器、烟雾报警器、温湿度传感器、门窗传感器、万能遥控器等。

但你也许会说："我家里已经装修好了，不会去花费那么多钱再重新选择这些产品，那么怎么才能实现智能家居呢？"你只需要一个万能遥控器就可以完成对老旧家电的智能化改造。由于老旧家电大多是通过红外线控制的，而且几乎每个家电都对应一个遥控器，如果把这些家电都与小米的万能遥控器关联起来，然后再把万能遥控器与手机连接起来，那么你就可以通过手机掌握家里的一切。由于手机是通过 Wi-Fi 与万能遥控器相连接的，所以并不会受到红外线传输距离的限制。但是这仅仅是对于老旧家电的应急办法，想要真正实现智能家居，还需要完整地装备好小米智能家居生态链中的每个设备。当这些设备都配置好时，你就会从原来的繁杂中解脱出来。

相信每个人都十分向往这样的生活，也许这样的生活在 20 世纪只有首富才能拥有，但是现在几乎每个人都有能力负担这一套系统，也就是每个人都有享受这种生活的能力，并且这确实是人类未来的生活方式。2012 年，我国住房和城乡建设部发布了《关于开展国家智慧城市试点工作的通知》，同年工业和信息化部发布了《物联网“十二五”发展规划》。2016 年，国务院发布的《2016 年国务院政府工作报告》中也明确提到了要加强智能家居的发展，这是首次将智能家居上升到国家层面。2017 年，工业和信息化部又发布了《信息通信行业发展规划物联网分册》和《促进新一代人工智能产业发展三年行动计划》，进一步表示对于发展智能家居的重视。这些政府文件的发布也标志着智能家居生活不仅仅是我们的向往，更是下一个经济市场的高地。

我国的智能家居品牌几乎是从 2014 年开始发展的，经过四年的洗礼，智能家居在我国的普及度依然处于初级阶段，主要原因有以下几点：一是传统智能硬件价格较高，让消费者望而却步；二是传统的 Wi-Fi 和蓝牙技术无法为智能硬件提供一个稳定的连接环境，导致智能家居体验不好；三是智能家居行业现在还没有统一的标准，所以不同企业所生产的产品无法在一个平台下统一控制和使用。

现在，在小米等国内外企业的努力下，智能家居产品业务和技术壁垒正在逐渐被打破，硬件产品变得好用而且便宜，这极大推进了行业的发展。未来，国内各大厂商利用“双创”这一契机，在国家的支持下大力发展智能家居，用创新引领世界智能家居的发展，为人们带来更为舒适、稳定、便捷、节能的智能化生活环境，同时促使制定统一的标准，使不同品牌的智能家居产品可以无缝连接在一起，让用户充分感受到智能家居带来的便捷生活。

6.5 智慧城市：阿里“城市大脑”

6.5.1 智慧城市缺大脑则不智

当前中国正处于快速发展的阶段，这一阶段所带来的阵痛是不可避免的，特别是在人口迅速膨胀的城市中，这一问题就更为明显。调查发现，北京是全国醒得最早的城市，造成这一结果的原因并不是北京的上班时间比其他城市早，而是因为居住在北京的上班族在通勤路上所花费的时间要比其他城市多很多。《2018 年中国城市通勤研究报告》显示，北京上班族单程通勤路程达到 13.2 千米，也就是说一天上下班所走的路程几乎相当于一个半程马拉松的距离，人们每天花费在上班路上的时间达到两个小时。

现在城市对于交通拥堵的解决办法大多是加宽道路、建设高架桥。也许这在短期内是一个行之有效的办法，但是这就好比胖了之后，以前的裤子穿不进去了，需要去买更肥大的裤子一样，也许穿起来舒服了，但是并没有从根本上解决问题。不仅仅是交通拥堵的问题，现在的城市还存在着许许多多的问题，而出现这些问题的一个很大原因就是人口的增多。然而，城市人口增多是人类发展的必经之路。数据显示，2018 年我国城市人口为 8 亿，到 2050 年还会有 3 亿人进入城市。所以未来如何解决城市中出现的各种问题，是我国亟须解决的难题。目前，行之有效的解决办法是应用人工智能，也就是建设可以思考的智慧型城市。

20 世纪 70 年代，高速发展中的底特律尝试采用数理方式来为城市规划提供依据，这被广泛看作智慧城市的“上古模型”。在当时连电子计算机都没有的条件下，计算一座城市的难度可想而知，但这星星之火至少可以带给后人以启迪和思索。

2010 年，IBM 正式提出了“智慧城市”愿景，希望借助科技的力量打造城市乌托邦。由安东尼·汤森教授提出的“智慧城市”的定义被大家所认可，他认为智慧城市是一个将信息技术与基础设施、建筑、日常生活用品甚至我们的身体相结合，来解决社会、经济和环境问题的城市，如图 6-5 所示。近 20 年来，中国积极建设智慧城市，在智慧城市建设方面花费了巨资，目前总投资已超过 5000 亿元。政府在硬件建设上投入了大量的资金，为城市投入了许多的高科技设备、电子硬件。

图6-5　智慧城市

但是对于生活在城市中的每个人来说，城市的需求都不是完全相同的。对于上班族来说，他们想要的是在通勤的道路上花费更少的时间；对于创业者来说，他们需要更简单的手续办理程序和更广阔的市场；对于老年人来说，他们需要的是更舒适的生活环境，如清新的空气。这些例子数不胜数，但是归结为一点就是以人为本。

想要解决以上问题，就要明白这个城市的问题到底出在哪里；而要了解城市的问题，就要从城市所产生的大数据去深入分析。过去20年，中国持续投入城市信息化建设，特别是公安交警部门始终走在前列，为城市建设积累了丰富的数据资源。但是如果没有机器智能的帮助，一座城市一天产生的交通摄像头视频数据只靠人来审查，可能100年都看不完，绝大多数数据还没有发挥作用，可能就已经被删除了。

而之前的智慧城市建设并未把实际获取的数据当作城市管理的资源，没有清晰地认识到一座城市最具战略价值的应是数据，城市治理的本质是网络协同。这样的科技城市就像一个四肢发达、头脑简单的城市“植物人”，没有实际灵活的大脑，结果造成了数据多但效果少、单点强但全局弱、科技新但落地少的情况。因此，需要给这样的智慧城市升级一套像人类大脑一样的城市大脑。城市大脑旨在通过智慧之“道”与计算之“术”，利用数字整合的能力实现城市交通效率的最优化，以达成智慧交通生活的美好愿景。

麦肯锡的分析报告指出全球已经建成的智慧城市只发挥了其不到三分之二的功能，这也恰恰说明政府巨额投入的硬件设施并没有被很好地利用起来，所以现在城市规划者急需做的不是继续加大投资（这样只会大大浪费投入的金钱），而是如何更好地将这些硬件设施利用起来，让它们更好地为人类服务。

6.5.2　用数据治理城市让城市会思考

要想将城市所产生的大数据很好地利用起来，就需要对其进行深入的分析。就像人体一样，大脑会对接收到的信息进行分析，进而向人的身体发出指令。同样，现在的城市就需要一个“大脑”。什么是城市大脑？即把城市交通、安防等海量数据图景安装到人机协同的处理中枢，相当于把城市复杂的神经线进行了织网。城市大脑的本质是城市的数据智能操作系统，各个领域的智能应用可以通过城市大脑来对城市的多维数据进行实时计算，利用城市的数据来优化调配公共资源。之后类似的技术还将从交通领域出发，继续释放到城市安防、城市物流、城市环境与水文等领域，组成多领域共同释放的城市大脑。这也将让智慧城市有机会在钢铁丛林中织网，组成控制全局的中心网状智能体，即从对城市数据的“知”与“行”出发，实时处理人所不能掌控的超大规模多源数据；从海量数据中洞悉人所没有发现的复杂的隐藏规律；制定超越人类局部次优决策的全局最优策略。只有符合这三点，才能称为真正的“城市大脑”。它能够通过监控摄像头实时了解城市的交通情况，并控制红绿灯的运行情况，保持城市的畅通无阻；它可以通过分析城市的犯罪数据，预测未来的犯罪发生地点，从而加强对该地区的管理，避免悲剧发生；它可以通过对交通数据的分析，随时为救护车或警车清理出一条快速通道。简单来说，“城市大脑”就是通过数据计算出最佳需求匹配最合适的资源，从而达到物尽其用的最佳状态。

阿里城市大脑以阿里云弹性计算与大数据处理平台为基础，结合机器视觉、大规模拓扑网络计算、认知反演、交通流分析等跨学科领域的顶尖能力，在互联网级开放平台上实现城市海量多源数据的收集、实时处理与智能计算。ET 城市大脑如图 6-6 所示。

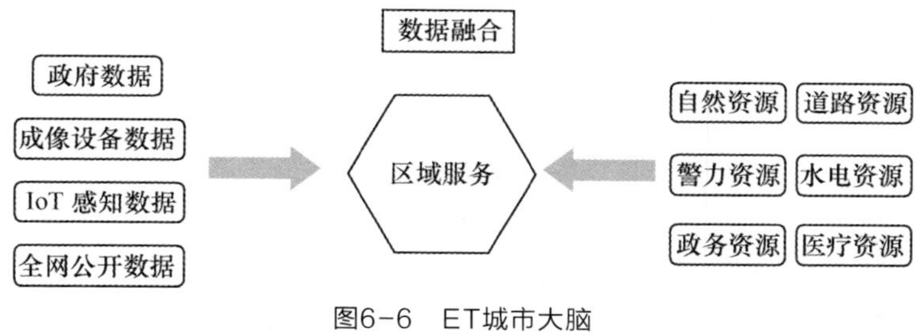

图6-6 ET城市大脑

ET 城市大脑利用实时全景的城市数据资源全局优化城市公共资源，及时修正城市运行的缺陷，实现城市治理模式、服务模式和产业发展的三重突破。

突破一，城市治理模式。提升政府的管理能力，解决城市治理的突出问题，实现城市治理的智能化、集约化、人性化。

突破二，城市服务模式。随时随地更精准地服务企业和个人，使城市公共服务更加高效、公共资源更加节约。

突破三，城市产业发展。开放的城市数据资源是重要的基础资源，对产业发展发挥着带动作用，可以促进传统

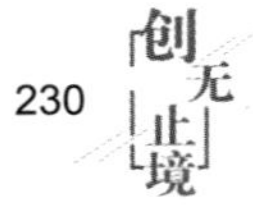

产业转型升级。

技术领先的阿里城市大脑

性能成本双领先的大数据计算能力。阿里城市大脑采用自主研发的大数据处理平台 MaxCompute 进行海量数据计算。在 2015 年的世界 Sort Benchmark 排序比赛中，MaxCompute 用 377 秒完成了 100TB 的数据排序，创造了四项世界纪录；2016 年，MaxCompute 用 0.82 秒完成了 1TB 的数据计算。

海量多源数据规模化处理与实时分析。ET 城市大脑首次通过两个集群实现了上百 PB 数据在线存储及每日 PB 级别的计算吞吐能力，计算请求响应时间在 3 秒之内，实时数据接入延时低于 200 毫秒。

实时视频识别及自动巡检。阿里城市大脑首次利用图像识别技术实时分析杭州 3000 多路视频信号，视频利用率从 11% 提高到 100%，实现车辆图搜以及视频实时自动巡检，低分辨率车辆检测准确率高达 91%。

类脑神经元网络物理架构。阿里城市大脑在百亿级别的节点、万亿级别的 BM 网络上，处理 EB 级别数据，通过模糊认知反演算法，发现复杂场景背后的超时、超距弱关联，成功应用到道路交通、工业制造等领域，如在杭州城市大脑中实现从单点、单线到整个城市的交通优化。

阿里“城市大脑”实践成果

阿里城市大脑目前已经具备了全球人工智能公共系统，在交通领域已具备信号灯优化、应急车辆优先调度、交通事件实时感知等功能，并在城市规划、消防应急、城市管理和环境治理等领域积极探索并孵化出一系列世界领先的技术。

在交通领域，杭州、苏州、吉隆坡、衢州等城市都已经完成大量的应用实践。

2016 年 10 月，杭州基于 ET 城市大脑的内核技术率先打造出杭州城市数据大脑。在杭州萧山区的部分路段的初步试验中，城市大脑通过智能调节红绿灯，车辆通行速度最高提升了 11%。

2017 年 10 月，杭州城市大脑 1.0 正式发布：接管杭州 128 个信号灯路口，试点区域通行时间减少 15.3%，22 千米的中河—上塘高架出行时间节省 4.6 分钟。在主城区，城市大脑实现视频实时报警，准确率达 95% 以上；在萧山，120 救护车到现场的时间缩短了一半。

2018 年 9 月，杭州城市大脑 2.0 正式发布：过去一年，杭州城市大脑管辖范围扩大了 28 倍。杭州主城限行区域全部接入大脑，此外还有余杭区临平和未来科技城两个试点区域及萧山城区，总计 420 平方千米，相当于 65 个西湖。优化信号灯路口 1300 个，覆盖杭州 1/4 的路口，同时还接入了 4500 路视频。通过交警手持的移动终端，大脑已可实时指挥 200 多名交警。此外，还在余杭区上线消防应急等新功能。

苏州已完成两个公交试点，客流量分别增加近 17% 和 10%。吉隆坡引入救护车优先调度功能，测试显示到达时间可缩短 48.9%。

在 2019 年元宵节当天，阿里云 ET 城市大脑实现对衢州当地热门灯会区域周边交通，全程无人工干预“自主调度”，提升了活动现场 40% 的通行效率。这项本领未来也将广泛应用于演唱会、体育赛事等大型活动的交通疏导调度。

在城市规划领域，阿里云还与中规院共建“未来城市实验室”，首次将 ET 城市大脑与城市规划结合，参与雄安的新城建设。

在消防应急领域，杭州余杭区可以通过小区物联网智能烟感主动识别报警并联动 119、110、120、水力、电网等多部门快速响应，并给救援车辆规划和开通一条绿波带作为应急通道。

在城市管理领域，通过与中科院、阿里云合作，临港主城区从 2018 年 10 月起已经实现“城市大脑”调度无人机自动巡查管理城市，5 分钟出勤、日飞行里程达到 100 千米以上。不仅能在海岸线巡航，潮汐将至时发出警报督促游客离开，而且能识别人员、物品滞留、垃圾遗洒，并根据具体情况及时报警……“城市大脑”还帮助 40 平方千米辖区内 100 多位公务员有条不紊地管理和服务近 10 万人口、8 万多家大中小企业的日常生活和生产作业。

在环境治理领域，2019 年 3 月，北京市通州区正式引入城市大脑防控环境污染。全区接入了 1437 路城市环境监测视频、1100 个大气监测及扬尘预警传感设备；打通融合城管委、住建局、环保局等多部门的信息平台；平均每 10 分钟就可以完成一次全区域视频扫描。

目前，城市大脑已经在交通治理、环境保护、城市精细化管理、区域经济管理等领域进行了探索，在杭州、衢州、苏州、澳门、吉隆坡、上海、湖州、北京、重庆、海口等境内外十几个城市先后落地。海南以 4.83 亿元向阿里云采购海口市城市大脑 2018 年示范项目。

未来，阿里城市大脑还将向医疗、城管、环境、旅游、平安、民生等七大领域拓展，从智能交通管理全面升级为整个城市的人工智能中枢，并向生态全面开放平台的 AI 能力，未来我们的生活将会变得更加高效、智能。

第七章　管理创新：重塑组织和个人

不断变革创新，就会充满青春活力；否则，就可能会变得僵化。

——歌德

如何与时俱进，抓住第四次工业革命带来的机遇，迎接数字化、网络化、智能化发展中的挑战，促进传统产业转型升级，不仅需要技术创新，需要提高产品和服务的质量，而且要从理念、目标、制度、业务、产品等方面深化改革创新。其中，管理创新是重要途径。只有通过持续的管理创新才能不断提升企业发展的效率和效益，扎扎实实地走高质量发展的道路。创新创业正成为我国企业管理的新兴领域。结构调整、转型升级正成为我国企业高质量发展的有效途径；数字化、网络化、智能化应用和改造正成为企业发展的新动能；个性化的产品和服务正成为重塑企业核心竞争力的重要手段。

7.1　流程再造：海尔“人单合一”

说起海尔，我们不仅能够想到陪伴我们童年的“海尔兄弟”，还能想到家里那台用了十几年的海尔洗衣机，可以说海尔从童年陪伴我们一直到现在。海尔集团的成长之路十分艰辛，1984 年创立的时候只有 600 名员工，从发展前期的资不抵债到现在年营业额几千亿元的规模，海尔经历了许多。2018 年 6 月，世界品牌实验室发布的中国 500 最具价值品牌中海尔名列第三；同年 12 月发布的 2018 世界品牌 500 强中海尔名列第 41。在光荣与辉煌的成绩下，鲜花与掌声并没有让海尔首席执行官张瑞敏冲昏头脑。相反，他一直在琢磨一道难题，也是全世界都解决不了的一个难题——大企业病。

大企业病是一个世界难题，世界上许多大型公司因为这个病而轰然倒塌。大企业病是指企业在发展到一定程度后出现的一系列问题。例如，因为人员过多、机构过于臃肿而造成企业的“肥胖症”，这样会导致企业内部信息流通不畅，上级领导下发的通知需要一级级传递才能落实到员工身上，下级员工提交的材料需要一级级审批才能够通过。这样本来一天可以完成的事情被硬生生地拖了一个星期。

还有就是当企业人员变多之后，会导致职能分配不清晰；当大家看到有利可图时，便会蜂拥而上；当需要承担责任时，却又“树倒猢狲散”。企业变得过于庞大时，员工往往会安于现状、墨守成规、思维僵化、缺乏创新的动力，久而久之便会失去市场竞争力。大企业病还有一个很重要的症状，即领导层盲目自信，容易头脑发热做出不合理的决定，而下级领导往往不经思考就跟着上级领导的想法向前走，导致企业头重脚轻，最终走向破产。

曾经韩国人心目中象征韩国的大宇集团就是倒在了大企业病上。大宇集团的发展历程比海尔还要艰难一些。1967 年大宇集团创立的时候，只有 6 名员工，主要从事劳动密集型产品的进口和出口，之后大宇集团看准市场机遇，开始发展汽车、电子、重工等领域，经过二十几年的发展，大宇集团拥有系列公司 29 个，资产一度达到 650 亿美元，成为韩国当时仅次于现代企业的第二大企业。然而，在企业壮大的同时，大宇集团的各种问题接踵而至，其中最重要的一个问题就是对自我认识不清、盲目自大。当时的大宇集团认为只要公司做得足够大，就不会存在倒闭的风险，也就是人们常说的“大马不死”。所以当时的大宇集团在全球盲目扩张。1993 年，大宇集团在海外的企业只有 150 多家，而在 1999 年竟然发展到 600 家，也就是说每三天就要开一家分公司，这一扩张速度是极为恐怖的。1999 年恰逢亚洲金融危机，当其他公司勒紧裤腰带过日子的时候，大宇集团依然我行我素、继续扩张，导致公司头重脚轻、负债严重，最后于 2000 年宣布破产。这一韩国第二大企业在一瞬间轰然倒塌，其创始人也被捕入狱。

俗话说：“创业难，守业更难。”在传统模式中，当企业体量达到一定程度时，管理者很难将如此庞大的机构很好地掌握在自己手中，也很难对其做出改变。想要改变这一情况，需要寻找新的企业管理模式。对于企业管理者来说，这一改变需要很大的勇气，因为新的模式背后也许是晴空万里，也许是万丈深渊。

7.1.1 颠覆传统开辟管理新模式

1984 年，张瑞敏来到即将倒闭的青岛电冰箱厂，当时厂里的情况十分严峻，工人随便旷工，想来就来，想走就走，甚至到了“十点钟在厂里扔一个手榴弹也炸不死人”的地步。张瑞敏上任之后的第一件事就是整顿厂里的纪律，经过一番整改，厂里的情况好了很多。1985 年，张瑞敏收到一封信，是一位客户写给他的。信上说，这位客户想买一台电冰箱，但是挑了很多发现都有质量问题，最后只能勉强拉走一台，希望厂家能够注意电冰箱的质量。这让张瑞敏很不开心，他马上召开员工大会，并检查电冰箱的质量，发现 400 台电冰箱中有 76 台存在质量问题。他问员工们这该怎么办，大家都说这些问题不是十分严重的问题，可以低价处理给内部员工。可是张瑞敏不同意，他说如果今天把这 76 台电冰箱随便处理掉，那你们以后就可能造出来 760 台质量不合格的电冰箱！这些电冰箱必须砸掉，不能流入市场，谁造出来的谁砸。说着自己拿起锤子向一台电冰箱砸去，工人们看到这一幕也纷纷把其他不合格的电冰箱销毁掉，有的工人看到这一幕不禁落下了眼泪。

当时，一台电冰箱的价格差不多相当于普通员工两年的工资，所以很多人并不理解张瑞敏的做法。然而，张瑞敏的行动在三年后得到了回报。海尔获得了中国电冰箱史上的第一枚质量金牌，甚至后来还获得了在德国免检的资格。我们知道德国对于产品的质量要求是十分苛刻的。1998 年，《海尔文化激活休克鱼》正式写入哈佛商学院案例库，而海尔集团 CEO 张瑞敏也第一次受邀前往哈佛大学，成为第一位登上哈佛讲台的中国企业家。2005 年，张瑞敏决定去掉公司的中层人员，这在当时引起了很大的轰动。张瑞敏给了中层人员两条路：要么离开，要么创业。这让海尔焕发出空前的活力。

与其说张瑞敏砸电冰箱是在否定自己，不如说是在认识自己。砸碎电冰箱的那一刻，实际上是在砸碎旧观念、建立新观念。创业 34 年的海尔，之所以能成为中国屈指可数的持续进行管理创新的公司，就在于这家公司一直在认识自己的使命感。30 多年前，张瑞敏用一把大锤砸烂劣质的冰箱，20 年后的张瑞敏又砸掉企业的中层组织。这一砸让世界震惊，同时也砸出了一个成功的商业模式——“人单合一”模式。

我们说海尔是一家极其特殊的公司，特殊之处就在于它的进化不是管理驱动，也不是战略驱动，更不是产品驱动，而是文化驱动。海尔提出“自以为非”的文化，即“人单合一”模式的精髓。它既不独属于西方理性主义的产物，也不独属于东方悠久的传统文化，而是随着时代之河的流淌，在实践中不断认识自我之后形成的价值观，如胡泳教授所言“人间正道，自然得之”。这也是海尔在大规模定制时代、互联网时代和物联网时代始终站在潮头的秘密。对于想向海尔学习的处在转型中的公司而言，需要看到文化是道、机制是德。文化往往是最先和外部环境发生化学反应的内容，也是最先在员工个体身上体现出来的特质。在做公司横向对比时，我们会发现：当海尔在方法论上领先的时候，其变革文化已经进入相对成熟期，这就是一家公司难以被复制的地方。

“人单合一”从提出到现在已经十多年了，海尔要建立一个颠覆传统模式的共创共赢的平台，“我的用户我创造，我的增值我分享”。也就是说，员工有权根据市场的变化自主决策，员工有权根据为用户创造的价值自己决定收入。传统组织是一个正三角的组织：下面是员工，上面是领导；上级对下级下达命令，下级服从上级。海尔在推进“人单合一”双赢模式的过程中，把组织扁平化了，使之变成动态的网状组织，如图 7-1 所示。

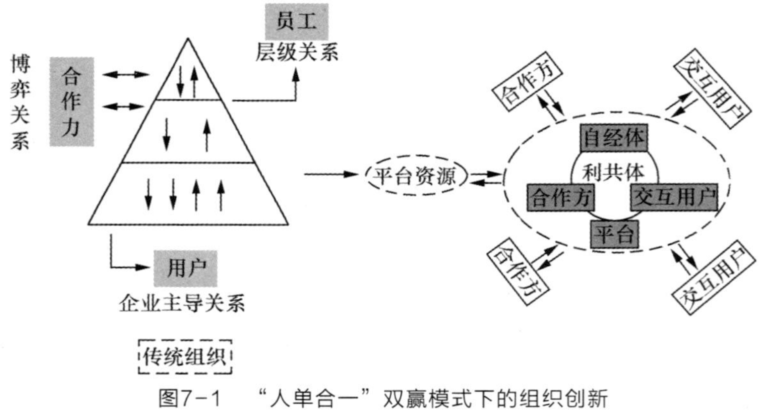

图7-1 “人单合一”双赢模式下的组织创新

海尔把 8 万多名员工变成了 2000 多个自主经营体。所谓自主经营体，是指承接企业的战略目标，有着明确的客户价值主张，可以实现端到端的全流程以满足用户需求，并可以独立核算共赢共享的经营团队。自主经营体是“人单合一”双赢模式下企业的基本创新单元。自主经营体与合作方、交互用户共同组成价值共创、风险共担、按单聚散的虚拟组织，海尔称之为利益共同体。海尔正在探索平台型组织生态圈：平台型组织体现为资源的按单聚散；按单聚散以后，员工分为在册员工和在线员工；过去员工听从上级领导的指令，是接受指令者，现在变成资源接口人。以海尔的家电研发为例，原来的研发者变成现在的接口人，连接内外部的资源。海尔现有研发接口人 1150 多名，可接进全球 5 万多研发资源。也就是说，有很多人不是公司的在册员工，而是在线可以整合的员工。资源接口人将来的发展方向是创建小微公司，独立创业。

不管什么样的企业，对它最重要的就是两类人：一类是外部用户；另一类是内部员工。海尔叫“三化”：企业平台化、用户个性化和员工创客化，如图 7-2 所示。

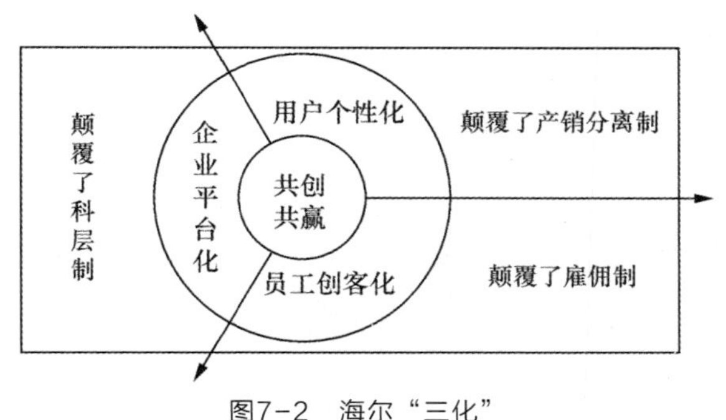

图7-2　海尔“三化”

企业平台化颠覆转型的路径

现在，海尔的创业生态圈里有三类人。这三类人没有职位高低，差别只是所掌握的、创造的用户资源不同。第一类叫平台主，平台主不是一个官员，也不是一个上级领导，而是一个服务员，负责给这个生态圈浇水施肥。第二类是小微主，就是一个创业团队，这个创业团队在平台上茁壮成长。第三类是原来企业的员工，现在变成了创客。这三类人共同形成一个组织，齐心协力来创造用户的最佳体验。企业平台化颠覆的目标：一是要从科层管控转变为创客平台；二是要把企业的宗旨从长期利润最大化转变为追求成为小微股东之一。海尔刚起步时，有 4000 多个小微企业，现在已经有很多成长起来了，在工商局注册成为真正的公司，海尔只是它的股东之一。这些小微企业在海尔这个平台上运行并协同起来，以达到用户的最佳体验，如图 7-3 所示。

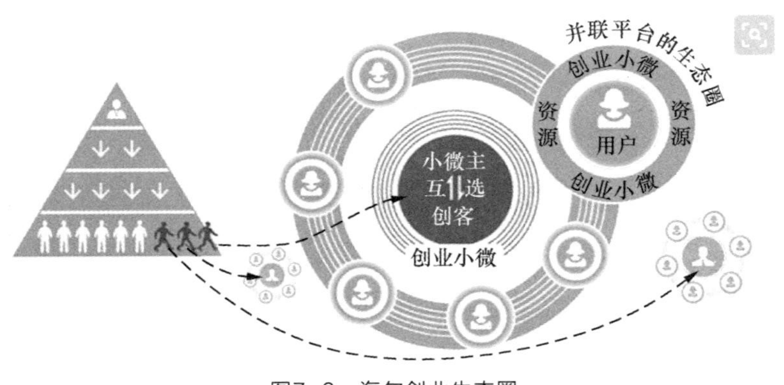

图7-3　海尔创业生态圈

用户个性化颠覆转型的路径

海尔做了一个“互联工厂”，这不是一个工厂的概念，而是一个生态系统，是在海尔自主知识产权、全球首家引入用户全流程参与体验的大规模定制工业互联网平台——COSMOPlat上进行升级的，是对全流程、全要素、全周期进行颠覆：一是变革互联工厂的商业模式，本质是将以企业为中心转变为以用户为中心，创造有效需求、有效供给；二是变革制造模式，从大规模制造到大规模定制，实现用户体验的无缝化、透明化、可视化。目前，海尔有三种定制模式——模块定制、众创定制和专属定制，可以让用户全方位、全周期地实现最佳体验。海尔的大规模定制与传统定制的区别在于传统的定制是硬件定制、一次性购买交易，而海尔的定制是生活场景的定制体验，可持续迭代。海尔实施互联工厂的总体经济效益明显，互联工厂的整体效率大幅提升，订单交付周期缩短 50%，生产效率提升 60%，交货周期由 21 天缩短为 7 ～ 15 天。

员工创客化颠覆转型的路径

“自创业”的意思是员工自己要寻求机会，变成一个自组织。这个组织没有领导，而是用户驱动。海尔要创造一个平台，让每个人把自身的价值充分地发挥出来。“我们的任务是让每个员工都能够‘孵化’出来，破壳而出。”“人单合一”的模式颠覆了企业、员工和用户三者之间的关系。在传统模式下，用户听员工的，员工听企业的；在“人单合一”的模式下，企业听员工的，员工听用户的。战略转型、组织重构和关系转变带来的是整个商业模式的重建。

7.1.2 “人单合一”驱动新旧动能转换

2002年，海尔实现了“人码”“物码”“订单码”的三码合一，目的是让员工直接与成果挂钩。为此，海尔还创造性地把企业财务报表变成每个员工的“资源存折”，用以表征员工的个性化收入：收入=劳动力价格-损失+增值提成。也就是说，每个员工都是一个盈亏单位。2005年，在全球经理人大会上，张瑞敏正式提出海尔全球化竞争模式“人单合一”的管理理念。“人单合一”的字面释义：“人”指员工，是有主动创造能力的市场主体；“单”指订单，即用户价值；“合一”指员工的价值实现与所创造的用户价值合一。“人单合一”的基本含义是每个员工都应直接面对用户，创造用户价值，并在为用户创造价值的过程中实现自己的价值分享。员工不是从属于岗位，而是因用户而存在，有“单”才有“人”。

很多人错误地将“单”理解为每个人能卖出多少货。“单”在海尔的管理理念中，代表员工作为主体对自身在市场中的高目标的追求。有了高目标之后，公司会利用管理工具帮助员工分解目标，分步骤地完成。因此，理解“人单合一”时要把“人”与“单”放在一起考虑，有了市场目标的员工才是海尔需要的员工。张瑞敏彻底颠覆了传统的层级组织模型，海尔从制造型公司蜕变为平台服务型公司，员工的身份发生了改变，变成了主动去追求市场目标的创客。海尔的“人单合一”模式与其他管理理念的不同在于：海尔的“人单合一”模式是一个完全以“人”为主体的模式，并且直接聚焦在“员工”上。在海尔的实践探索中，“人”和“单”的含义有了进一步的延伸。

“人”的含义：首先，“人”是开放的，不局限于企业内部，任何人都可以凭借有竞争力的预案竞争上岗；其次，员工也不再是被动的执行者，而是拥有“三权”（现场决策权、用人权和分配权）的创业者和动态合伙人。

“单”的含义：首先，“单”是抢来的，而不是上级分配的；其次，“单”是引领的，是动态优化的，而不是狭义的订单，更不是封闭固化的订单。

“合一”：通过“人单酬”形成闭环，每个人的薪酬来自用户评价、用户付薪，而不是上级评价、企业付薪。传统的企业付薪是事后评价考核的结果，而用户付薪是事先算赢、对赌分享的超利[1]。

因此，“人单合一”是动态优化的，其特征可以概括为两句话：“竞单上岗、按单聚散”和“高单聚高人、高人树高单”。在海尔“人单合一”的模式中，“人”即具有“两创”（创业和创新）精神的员工，“单”即用户价值。“人单合一”就是每个员工都直接面对用户的需求，为用户创造价值，从而实现自身价值、企业价值和股东价值。这顺应了互联网时代“零距离”“去中心化”和“去中介化”的特征。在“人单合一”的模式下，海尔实现了“企业平台化、员工创客化、用户个性化”，激发了员工的创造力。

7.1.3 满足客户需求实现员工价值

“人单合一”双赢的本质：“我的用户我创造，我的增值我分享。”也就是说，员工有权根据市场的变化自主决策，员工有权根据为用户创造的价值决定自己的收入。“人单合一”模式

1 传统模式是资本雇佣劳动、企业支付员工薪金，“人单合一”是基于委托－代理关系、员工参与分享的模式。

事前算赢主要是指精细化管理，在项目实施前算赢要有竞争力的目标以及达成目标的资源、团队和路径，保证目标的达成。

海尔通过对赌激励模式让员工实现以知识作为资本，成为企业“事业合伙人”，共担风险、共享收益的目标。海尔的对赌激励以小微为基本单元，建立对赌协议，承诺目标价值及分享空间。在达成对赌目标后，小微按约定分享对赌价值，并在小微内自主分配给小微成员，享有高度自主经营权和分享权，可激发员工的积极性和主人翁意识，从而驱动小微的持续发展和企业、员工的双赢。

的成功既满足了客户的需求，也实现了员工的价值。2017 年，海尔的海外收入突破 100 亿美元，比 2016 年增长了 35%。

在全球能力布局上，海尔在海外已经有了 54 个工厂，本土化的制造能力已经达到 2000 万台，其中冰箱产品在当地生产、当地销售的比例已经达到 70%。在品牌方面，通过并购，海尔在海外拥有项级家电品牌斐雪派克，这是新西兰国宝级的品牌，还有高端品牌 GEA、主流的海尔品牌以及区域性的品牌，通过不同品牌满足不同消费者的需求。

2018 年，张瑞敏再一次登上哈佛的讲台，这一次他演讲的题目是《创建物联网时代的商业模式》，也就是“人单合一”。他表示“人单合一”这一模式并不是只适用于海尔，它是可以复制的。2016 年，海尔收购了美国通用电气家电。在被收购的前十年里，通用电气家电的销售收入是不断下降的。然而，在将“人单合一”模式移植过去后的一年里，它的销售收入就增加了 6%，这一数字是同行的两倍。“人单合一”模式也并不是仅仅适用于家电行业。海尔收购了上海的一家康复护理机构，在此之前，这个机构的医患关系十分紧张；被收购之后，这家机构的运营模式变成了“人单合一”，人员没有变化，医患矛盾却顺利地解决了，而且该机构在业内的口碑大幅提升。这说明“人单合一”模式是可以跨行业复制的。

海尔的快速发展离不开“人单合一”模式。但以人为本不仅针对顾客的需求，也针对企业人才建设。一家企业如果一味守旧、不知变通，终将会被淘汰。只有在发展的长河中坚持创新，始终铭记创新驱动发展，立足人才资源建设，企业才能在日益激烈的竞争中异军突起、稳步发展。

7.2 管理创新：华为“铁三角”

7.2.1 三人同心，其利断金

2006 年 8 月，正值华为业务在全球迅速扩张的阶段，在苏丹的首都喀土穆，几个华为的工作人员表情坚定，想要拿下苏丹国内移动通信网络建设这一大单。由于苏丹位于北纬 9° 和北回归线之间，全境受太阳直射，当时又正值全年最热的季节，所以此时的室外温度至少有 60℃，但这丝毫没有打消华为工作人员的信心。

到了会议室，经过一系列的角逐之后，华为没有如愿以偿。此时室外的太阳好像直射在他们的心里，每个人都焦躁不安，因为他们不知道自己为什么会输，而且输得这么惨。在喀土穆的热浪中，来自客户线、产品线、交付线的所有团队人员都在思考，试图找到其中存在的问题。

他们终于总结出了几个失败的原因：第一，部门各自为政，相互之间沟通不畅，信息不共享，各部门对客户的承诺不一致；第二，客户接口涉及多个部门的人员，关系复杂；第三，在与客户接触时，每个人只关心自己负责的一亩三分地，导致客户的需求遗漏，解决方案不能满足客户的要求，交付能力也不能使客户满意；第四，对于客户的需求，大家更多的是被动响应，难以主动地把握客户深层次的需求；第五，客户经理在前端掌握的信息没有办法很快传递到后端，客户的期待往往快速衰减；第六，竞争对手能够把握住客户的需求，给客户提供更高价值的低成本的产品。

在一次客户召集的网络分析会上，华为共去了七八个人，每个人都向客户解释各自领域的问题。华为的工作人员很努力地在介绍自己的方案，但是客户却听得云里雾里，最后抱怨道："我们要的不是一张数通网，也不是一张核心网，更不是一张交钥匙工程的网，我们要的是一张可运营的电信网！"

华为驻苏丹代表处意识到了一个根本性的问题：华为的组织和客户的组织是不匹配的，华为还在用传统的模式运作！客户线不懂交付，交付线不懂客户，产品线只关心报价，而所有的队伍都在期盼着客户快速签单，忘记了他们的存在价值是来满足客户的需求。每个部门之间都存在着很高的部门墙，缺少有效的沟通，只顾着解决自己的问题，没有考虑到客户实际的需求，导致华为内部运转起来十分混乱。

经过这次惨痛的失败后，苏丹代表团决定打破楚河汉界，以客户为中心，协同客户关系、产品与解决方案、交付与服务、商务合同、融资回款等部门，组建针对特定客户（群）项目的核心管理团队，实现客户接口归一化，更好地帮助客户实现商业成功。具体来说，苏丹代表处以客户经理（AR）、解决方案专家（SR）、交付专家（FR）为核心组建了项目管理团队，形成面向客户的以项目为中心的一线作战单元，从点对点被动多头响应客户到面对面统一对接客户，以便深入、准确地全面理解客户的需求。华为“铁三角”模式如图 7-4 所示。

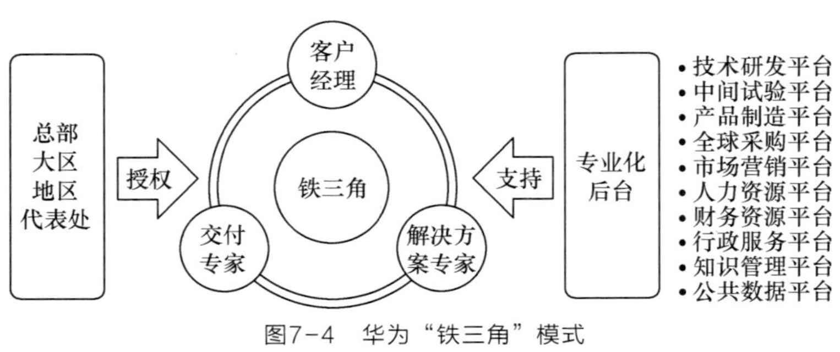

图7-4　华为“铁三角”模式

其中客户经理是相关客户和项目铁三角运作、整体规划、客户平台建设、整体客户满意度、经营指标的达成以及市场竞争的第一责任人。作为客户群规划的制定和执行者，客户经理需要做好市场洞察、制定目标和策略、规划执行和调整、建设品牌等工作。作为销售项目的领导者，客户经理需要组建团队，制定目标和策略，监控和执行，做好竞争管理。作为全流程交易质量的责任者，客户经理需要做好线索管理，管理机会点，识别客户群风险，把关合同质量，监控合同履行质量，交付项目工程、项目收入和回款等工作。作为客户关系平台的建立和管理者，客户经理需要做好规划客户关系、拓展客户关系、管理客户关系等工作。

解决方案专家是客户和项目整体产品品牌和解决方案的第一责任人，从解决方案的角度帮助客户实现商业成功，对客户群解决方案的业务目标负责。解决方案专家的责任：通过客户沟通，挖掘机会点，促成机会点向项目的转变，实现市场突破；理解和管理客户需求，制定客户化解决方案，引导解决方案的开发；组织制定客户化解决方案并推广，保障解决方案的竞争力；在针对 CXO 及关键技术层的对话中，提供解决方案层面的支持，创造客户价值，获得客户的信任。

交付专家是相关客户和项目整体交付与服务的第一责任人。交付管理和订单履行经理的职责：作为交付管理客户满意度的责任人，为客户提供及时、准确、优质、低成本的交付，对项目交付的满意度承担第一责任；作为契约化交付的责任人，通过合同关键条款的控制、合同谈判、合同交接、合同履行、合同变更、合同开票等全流程管理合同业务，提升项目的契约质量和履约质量，促进对客户的契约化交付。

这个失败的团队在磨砺三年之后，在 2009 年获得了苏丹运营商的全国 G 网最大的项目。在客户的掌声中，这个团队哭了，他们给华为高层领导汇报时，写下了这样一段话："三人同心，其利断金，就叫'铁三角'吧！"

7.2.2 后端标准化，前端个性化

华为公司任正非总裁说："我们系统部的铁三角，其目的是发现机会、咬住机会，将作战规划前移，呼唤与组织力量，实现目标的完成。系统部里的三角关系，并不是一个三权分立的制约体系，而是紧紧抱在一起生死与共、聚焦客户需求的共同作战单元。"

所谓"铁三角"，就是真正面向市场端的客户经理、解决方案专家和交付专家。"铁三角"的本质是流程型组织在客户端的具体实现模式。这个模式要求组织在前端实施轻管理，使团队模块化运作。轻管理可以快速地把握和了解客户的需求，同时前端的人员能够通过机制快速地呼唤后

端的平台，让整个组织形成对前端的快速响应，以满足客户的需求。

华为铁三角模式的构成体系包含两个层次：一个是项目铁三角团队；另一个是系统部铁三角组织。基于项目的铁三角团队是代表华为直接面向客户的最基本组织以及一线的经营作战单元，是华为铁三角模式的核心组成部分；而系统部铁三角组织是项目铁三角各角色资源的来源以及项目铁三角业务能力的建设平台。

华为项目铁三角基于项目设立，具有任务性和阶段性的特点。而系统部铁三角组织由销售业务部、解决方案部和交付与服务部构成。其作为服务客户的部门而存在，是一个相对稳定的职能组织形式。它主要负责公司系统部整体经营指标达成；负责公司系统部客户群的市场规划、客户关系平台建设和维护；负责公司系统部的机会点挖掘，并组织资源实施项目，对项目成功及赢利负责；负责公司系统部的交易质量改善、客户满意度提升；负责公司系统部内部竞争目标达成等。它的主要作用是为项目铁三角提供支撑，是项目铁三角各角色资源的来源以及业务能力的建设平台；同时，系统部铁三角的资源和能力建设的责任主体是系统部平台以及地区部和代表处平台。

华为铁三角所需能力涉及铁三角组织的整体运营能力

和个人角色能力。在铁三角组织整体运营能力方面，铁三角作为客户的统一接触界面，是项目管理团队的核心。一个高效的铁三角组织需要具备两个方面的能力：一是面向客户的能力，包括客户洞察力、线索发现和机会挖掘能力、全面解决方案的应对能力、客户期望和客户满意度管理能力、项目交付和服务能力等；二是面向公司内部的能力，包括角色认知能力、经营管理能力、内部资源获得能力和整合能力、资源优化配置能力等。

铁三角表面上是一个战术，但从本质上说，是华为在过去十年一直提倡的流程型组织在客户端的具体实现的模式。不管是铁三角，还是铁四角、铁五角，归根结底，都是在深刻把握客户需求的情况下，做厚客户界面，进行以项目为中心的团队营销方式，牢牢地对客户进行立体营销，从商务、交付、产品解决方案等各个方面来满足客户价值的管理模式。

华为之所以敢把权力授予“铁三角”，前提是它花费了几十亿元打造了技术研发平台、中间试验平台、产品制造平台、全球采购平台、市场营销平台、人力资源平台、财务融资平台、行政服务平台、知识管理平台、公共数据平台，让“铁三角”得到最专业的支持。

7.2.3　满足客户需求，实现自我价值

华为铁三角模式是围绕客户需求，通过客户关系、产品和解决方案、交付和服务等不同功能部门的整合协同，构建出以 AR、SR 和 FR 为核心的紧贴市场与客户的一线作战单元，从而借助组织团队的协同作战优势，为客户提供一体化的全业务流程体验，赢得客户的信任与青睐，帮助客户实现商业成功。

铁三角组织有利于打破组织内部的部门壁垒，从而保证团队内部沟通机制的畅通，实现对客户需求的快速响应。华为铁三角作为最小的作战单元，具有相应的权限，可被赋予相应的资源，是独立核算单位，既有利于目标统一、步调一致，也有利于调动团队的积极性和创造性。同时，铁三角模式的实施，锤炼了一线队伍，夯实了一线能力。

华为的铁三角组织模式有以下三个方面的优势：第一，打破了传统的部门壁垒，实现了组织内部及时高效的交互沟通，增强了组织整体的市场敏感性和对客户需求的快速响应能力；第二，作为聚焦客户需求、紧贴市场的最小作战单元，华为铁三角也被赋予了极大的组织和资源权限，是一个独立的运营单元，这种充分的自主性有利于不同部门的协同配合，以及团队成员创新创造积极性的提升；第三，铁三角模式作

为一线协同作战单元，增强了企业的一线能力，使企业能够以客户为中心建立起市场竞争优势。

铁三角模式提出的第一年，即 2009 年，华为的销售收入是 1490 亿元，同比增长 19%，净利润率 12%，同比前一年的净利润率，华为的增幅超过百分之百。在那一年，华为的运营管理能力也得到了明显的提高，费用率下降了 1.4%，库存周转率减少了 10 天，应收账天数减少了 2 天。难能可贵的是，在那一年，华为超越了全球的核心竞争对手诺基亚、西门子、阿尔卡特、朗讯，仅次于爱立信，成为世界第二大电信设备商。在那一年，华为的员工有 9.5 万人。

从海尔的“人单合一”、韩都衣舍的“大平台＋小前端”和华为的“铁三角”，我们可以发现：这三家企业的成功依靠的不仅仅是过硬的产品质量和营销手段，还是对管理模式的改革。好的管理模式可以高效地传递企业内部信息，可以让每个人发挥自己的优势，可以激发每个人的活力。当一家企业拥有创新的活力，有向前的动力时，这家企业没有理由不成功。

第八章　模式创新：重构产业创新体系

当今企业间的竞争不是产品之间的竞争，而是商业模式之间的竞争。

——德鲁克

模式创新作为一种新的创新形态，其重要性已经不亚于技术创新、管理创新等。商业模式创新的要义是系统性创新，它的系统性表现在顾客价值创新、运营模式创新、赢利模式创新、商业生态创新，四个创新缺一不可。从设计研发、生产制造到售后服务，企业经营的每个环节的创新都有可能成为一个成功的商业模式。互联网构建了一个崭新的生态系统，从制造、通信、零售到医疗、教育、旅游、餐饮等，越来越多的传统行业、传统应用和服务正在被互联网改变。依靠模式创新来保持持续的变革和创新能力，对于企业在快速变化的商业环境中存活并发展尤为重要。

8.1 网络化协同：波音全球研制 787 梦想客机

网络时代，大众参与正在成为创造和创新的重要源泉：互联网技术的发展打破了传统的交流方式，使物理距离不再是问题；信息的快速交流使工作人员的协同工作变得更加简单便捷；网络化协同正在改变传统的产品生产制造模式，是一种新的商业模式，主要包括网络化协同设计和网络化协同制造两个过程。

网络化协同设计是指利用电子计算机、通信网络平台、产品开发团队群体工作，并行、协同地设计产品。这种模式极大地缩短了产品的开发周期，提高了产品的设计质量，降低了产品的设计成本。

网络化协同制造是指利用电子计算机网络技术，将制造串行工作变为并行工作，实现供应链内及跨供应链间的企业产品制造、管理、商务等合作的生产模式。网络化协同制造旨在通过改变业务的经营模式，实现资源的充分利用。

网络化协同设计制造是五种智能制造模式之一，主要适用于产品结构复杂、设计周期长、制造环节多的大型装备产品，如飞机、大型船舶等。波音公司率先建立了强大的网络化协同平台，在 787 飞机的设计和制造上，波音与其全球合作伙伴达成了史无前例的协作。这次协同制造大大缩短了飞机的设计制造时间，降低了生产成本。

波音公司概况

波音公司一直是全球航空航天业的翘楚，是世界上最大的民用和军用飞机制造商之一。此外，波音公司设计并制造旋翼飞机、电子和防御系统、导弹、卫星、发射装置以及先进的信息和通信系统。作为美国国家航空航天局的主要服务提供商，波音公司运营着航天飞机和国际空间站。波音公司还提供众多的军用和民用航线支持服务，其客户分布在全球 90 多个国家。就销售额而言，波音公司是美国最大的出口商之一。

波音 787 飞机

波音 787 的生产是全球协同生产的经典项目之一。波音 787 飞机是波音公司在全世界外包生产程度最高的机型，从其研制、定型、转化到融资几乎都通过全球网络实现。波音 787 的制造是全球 135 个地点、180 个供应商协同工作的成果。

据统计，在波音 787 飞机的 400 多万个零部件中，波音公司只负责大约 10% 的生产工作，包括尾翼制造和最后的组装；其余的生产是由全球 40 多家合作伙伴完成的。波音 787

的设计由美国、日本、俄罗斯和意大利共同完成。而波音 787 飞机的研发和制造涉及美国、日本、法国、英国、意大利、瑞典、加拿大、韩国、澳大利亚、中国等多个国家和地区的顶级供应商。波音 787 飞机的全球化生产网络示意如图 8-1 所示。

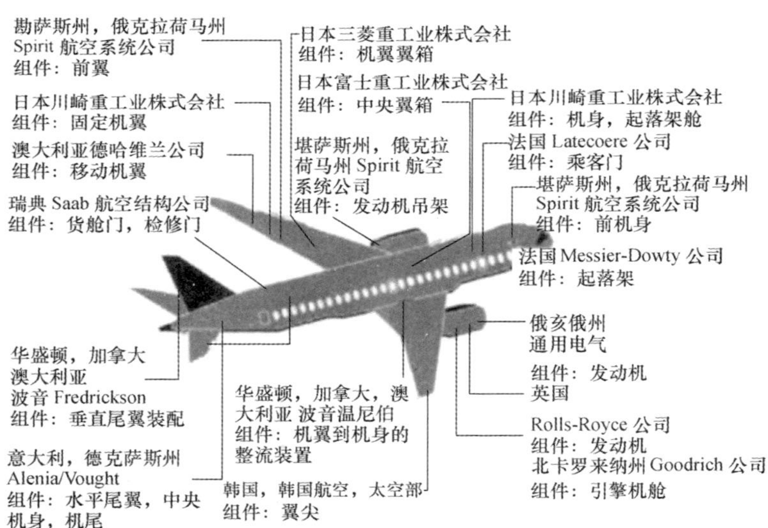

图8-1　波音787飞机的全球化生产网络示意

把握核心，探索协同

波音公司认为，如果企业能以比自制成本更低的外包获得某种产品时，就应该选择外包。波音业务外包推崇的理念是让世界上最专业、最优秀的公司制造产品，为本组织的系统工程提供服务，把已有的资源用于提升公司的核心竞争力上。

随着外包业务的扩大，不易协调的问题也随之出现。例如，公司不仅把零散部件生产制造进行外包，还把整个机身都外包出去。由于机身在整个飞机的设计过程中是非常重要的环节，需要大量且频繁的协调工作，还要进行繁杂的投资、机建等工作，这就导致波音公司与分包商之间的合作出现了一定的混乱。在这个不断磨合的过程中，波音公司也渐渐理清：哪些业务适合外包，哪些业务不适合外包。

对于波音公司而言，全球协同的必要性有诸多原因：一是其规模性，飞机制造不仅耗资巨大，而且工程庞大，建造一架飞机需要400多万个零部件；二是政治因素，为了加速产品在全球尤其是境外的销售，最好的方法是让购买国同时也生产飞机所需的零部件；三是财务因素，由于787项目耗资巨大，波音公司需要依赖其合作伙伴共担风险，分散其财务风险。

协同设计不仅提升了波音公司飞机工艺流程的效率，也避免了其因延迟交货而遭受的巨额罚款。协同设计为787提供了更多的设计版本，这也是787的市场卖点之一。实时交货对于波音公司至关重要。

网络化协同，从制造商到集成商

一直以来，航空制造业的商业模式都是由飞机制造商（如波音公司）制定总体的设计图，再由全球各地的合作伙伴提供相关的材料部件。制造飞机所需的部件先从四面八方运至靠近西雅图的波音装配工厂，然后由来自世界各地的工程师对所有部件进行烦琐的工序校验、装配、测试和改善。然而，在新一代的787飞机的设计和制造上，波音公司摒弃了原有的商业模式。在新的模式下，所有的零部件依然是由全球的合作伙伴制造的，但之后的步骤发生了变化：通过一个由波音公司维护的电子计算机模型进行虚拟装配。通过收集不同部件的生产数据，部件的组装和校验工作得以实时进行。最后，组装完成的各机体部分被放入三架747专机，运送至波音公司在华盛顿西北部的埃弗雷特工厂。由于采用了在线商业制造模型，波音公司如今可以放心地将整个制造流程交给其全球伙伴完成，包括从最初的设计创意到最终的机体制造。波音787在设计、制造和生产中与其全球伙伴达成了史无前例的协同，这是波音历史上完工最快、造价最低的一次实践。这一切都源于波音公司的商业转型：从制造商成为高端的系统集成商。此次商业模式的改变，不仅能提升生产效率、削减制造成本，还能将新一代机型的设计和开发成本分摊给其遍布全球的合作伙伴，并建立全球性的合作体系，由此拓展波音飞机在全球的销售市场。

让供应商参与项目开发，变被动参与为自主研发

波音公司大约有几十家直接供应商，除此之外，还有多个供应商层级和一个大型实际制造 787 零部件的公司供应链，供应商数量相当多。而波音公司新的模式就是把供应商当成真正的合作者甚至是同等的企业，让供应商参与项目研发。

波音 787 项目的大量合作者都参与了飞机的设计，而事实也证明，当制造方参与策划时，效率会更高——他们设计的部件不但要满足波音公司的需要，而且要对他们的生产最有效率。同时，协同设计也简化了后续的外包工作。在开发波音 787 的前身 777 时，波音公司发给部件供应商的规格说明文件有 2500 页之多，而波音 787 的同类文件只有 20 页。

统一协作平台，重视产品数据管理与应用

随着 IT 技术的发展，波音与合作伙伴的距离变得更近，这为波音全球协同化生产提供了可能。在波音公司的要求下，所有合作伙伴均使用法国达索系统公司（Dassault

Systemes）的设计和协同软件 Catia，这样世界各地的供应商都可以实时应用。它保证了每个人在同一时间都遵循同样的设计。这套软件包括非常先进的声音影像系统，支持实时视频会议，并能对同样的资料库和模型进行作业。例如，如果有人在日本登录系统并修改设计模型，在欧洲或美国的工作人员就能在登录时看到最新的设计变化。

在 787 项目之前，波音公司主要通过建造木质飞机实装模型的方式来检验由世界各地合作伙伴制造的零部件能否有效组装。如果出现偏差，就需要进行修改，而这个过程显然是非常低效的。如今，采用全球化协同之后，即使在飞机部件生产之前，人们也可以通过电子计算机轻易地找到飞机组件与部件之间的“冲突”之处。在协同设计的过程中，如果发现两个部件装在同一处，或部件之间不相匹配，电脑屏幕就会显示红色的斑点加以警示。使用这种统一的设计软件系统进行虚拟装配，可以对不同供应商生成的部件数据进行实时组装和校验。最后，各供应商再将通过校验的部件运送至波音公司在华盛顿的工厂进行组装。通过这种在线交互式的制造模式，波音公司在保证产品质量的前提下将整个制造流程从最初的设计创意到最终的机体制造都交给了全球的伙伴来完成。

组建生命周期产品团队，为客户提供黄金关怀服务

波音公司为787项目组建了包括机身、内部、机翼、推进、服务在内的生命周期产品团队，每个团队都是由上千人组成的，团队成员不仅包括波音公司的内部人员，还包括合作伙伴组建的团队人员。

之所以把这些团队称作生命周期产品团队，是因为每个团队必须为自己产品的生命周期成本负责。在设计飞机时，每个团队要从其产品在飞机生命周期中净现值的角度来分析、计算波音公司的制造成本和航空公司的使用成本。如此波音公司就可以为客户提供被称作“黄金关怀”的787飞机生命周期管理服务。每个生命周期产品团队都有一位团队负责人、一位工程负责人、一位制造负责人、一位财务和商务负责人，还有一位全球合作伙伴负责人，就像一家小公司。每个团队要按计划日程和项目规定成本负责自己产品的设计、生产以及运输和售后服务。

8.2　个性化定制：酷特智能在工业流水线上做定制

每个人都遇到过撞衫的尴尬。下面的场景在生活中非常常见。

早上你心情愉悦地穿上了刚买的今年最新款衣服，为此还精心地搭配了发型，化了精致的妆容，觉得自己今天光彩照人、引人注目。在公司大厅等电梯时还是好心情，可是当电梯门打开，一抬眼就看到一件与你身上相同的衣服，你连忙挪开眼睛，装作没看到。电梯里，撞衫的尴尬让周围都安静了下来，虽然你装作无所谓，心里想的却是再也不要穿这件衣服上班了。

几十年前，我们穿的衣服是妈妈或裁缝手工缝制的衣服；进入工业化时代以后，人们穿的是工厂批量生产的相同版型的衣服，撞衫很常见。有时候，在街上能看到无数个着装相同款式衣服的人。随着人们对于个性化的追求，越来越多的人希望自己的穿着打扮是独特的。但是私人定制耗时长、价格高昂，并不能满足普通人的需求。这时人们的差异化需求与工厂同质化生产的矛盾就成为服装业的一个痛点。能不能整合工业化生产资源，让顾客以低廉的价格享受私人定制般的服务？个性化需求与工业化生产能否共存？在互联网高速发展的今天，这些问题的答案当然是能！

青岛酷特智能股份有限公司（以下简称“酷特智能”）成立于 2007 年，经过多年转型实践，在服装个性化智能定制领域，摸索出了一条自主创新的发展道路，形成了独特的核心价值，产生了良好的社会和经济效益，旗下有“酷特云蓝”“红领”“凯妙”等高级定制品牌。

酷特智能坚持“成为有益于社会文明进步的百年企业”的企业愿景，以“践行科学的企业治理思想，创造全新的价值体系”为使命，专注研究实践“互联网＋工业”，形成了以“大规模个性化定制”为核心的酷特智能模式，总结出一套传统企业转型升级的彻底解决方案，创造性地提出了以“个性化定制”模式展开的消费者直接对接工厂的C2M商业生态。酷特智能的实践颠覆了传统的商业基因、业务基因、管理基因、制造基因，形成了“源点论企业治理体系”，由传统服装企业进化成为平台生态的新时代企业。

困境求变：当创新基因迎来“互联网＋”

酷特智能的前身是一家传统的服装成衣工厂，依靠批量生产、贴牌代工、商场销售的传统模式获得了不少收益。可是，随着劳动力等要素成本越来越高，商场等流通环节占用的费用越来越高，利润越来越少，企业的赢利空间不断被挤压。穷则思变，企业的领导者们意识到低成本、低价格不是制造业的方向，传统发展方式终将难以为继，唯有创新才能有出路，才能实现持续发展。

2003年，当成衣销售依然呈现喜人态势时，公司已经开始研究定制化转型。要实现定制，首先需要解决的问题就是量体。传统量体要靠老师傅，不仅人工成本高，而且量法各异、量体数据的差异性大。在前期的实践中，衣服返改率居高不下，经过不断探索，公司最终发明出三点一线“坐标量体法”，只需找到肩端点、肩颈点和第七颈椎点，并在中腰部位画一条水平线，用皮尺和肩斜测量仪采集到身体的22个数据就可以完成量体。即便是零基础人员，经过一周的培训就可掌握此方法上岗，这大大降低了企业的人工成本。标准化量体方式得到的精准数据为版型建模和智能剪裁奠定了基础。目前，公司还推出了量体大巴车，车上安装了具有世界先进水平的3D量体仪，仅需一两秒的时间便可自动获取量体数据。

在传统的服装定制过程中，“打版”是最重要的一环，也是最考验裁缝技艺的步骤。人工打版不仅速度慢，而且成本高。如果想要用工业化生产的效率组织个性化定制，必须先要实现用智能系统代替人工打版。此时，公司存储的大量客户数据派上了用场，包括版型、款式、工艺和设计数据的庞大数据库为智能制版提供了丰富而严密的计算资源。经过反复的实验摸索，智能裁剪系统逐渐成形。

为了在流水线上传递个性化定制的信息，每张订单的细节最初都要求被写在一张纸上进行流转，由于纸张容易磨损，后来换成了长布条。一两百个数据信息都被编成代码写在布条上，手写代码有时不好辨认，难免影响生产效率和成衣品质。再后来，企业研发出存储订单信息的电子磁卡，搭建起流水线上的个性化定制平台。

酷特智能历经十余年，投入数亿元，在 3000 多人的工厂做实验，终于建成了一座以大数据驱动的互联网工厂。

数据掘金：在流水线上实现个性化定制

走进酷特智能的互联网工厂：不难发现这里与传统西装生产线有许多不同：6 台自动裁床一字排开，每裁一张布料，都要根据电脑提示调整裁剪方式；流水线上每件西装的颜色、款式、面料都不尽相同；每位员工面前都有一部电脑识别终端，当一件衣服“流”过来，操作者要先扫描衣服上的电子磁卡，再根据提示进行加工……

这座工厂是酷特智能 C2M 模式的重要组成部分之一。所谓 C2M（Customer to Manufacturer），就是借助互联网搭建起消费者与制造商的直接交互平台，去除商场、渠道等中间环节，从产品定制、设计生产到物流售后全过程依托数据驱动和网络运作，如图 8-2 所示。这个平台是如何将个性化定制与流水线生产无缝结合起来的呢？

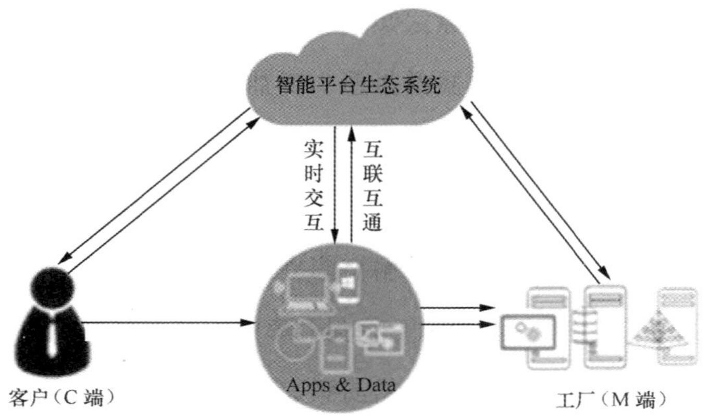

图8-2　酷特智能的智能生态系统

酷特智能用 10 多年的时间积累了海量数据，包括各种流行的款式数据和工艺数据。版型、款式数据库包括各类领型数据、袖型数据、扣型数据、口袋数据等，衣片组合超过万亿种以上的款式组合。建模数据、服装建模编程能满足各种人体数据需求，身高从 130 ～ 230cm，胸围从 70 ～ 200cm，甚至特体数据都能在数据库中找到。庞大的款式数据能满足超过万亿种设计组合，99.9% 覆盖个性化的设计需求。

系统提供了多种版型、工艺、款式和尺寸模板供顾客自由搭配，客户提交订单后，需求信息便会被传送到工厂。酷特智能自主研发的西装个性化定制系统，建立起人体各项尺寸与西装版式尺寸相对应的数据库。顾客在自主选择各种设计元素后，该系统可以对顾客的身型尺寸进行数据建模，通过计算机 3D 打版形成顾客专属的数据版型。数据信息被传输到备料部门后，在自动裁床上完成裁剪。每套西装所需的全部布片会被挂在一个吊挂上，同时挂上一张附着客户信息的电子磁卡，存储顾客对于西装的驳头、口袋、袖边、纽扣、刺绣等方面的个性化需求。流水线上的电脑识别终端会读取这些信息并提示操作，实现了同一产品的不同型号、款式、面料的转换，以及流水线上不同数据、规格、元素的灵活搭配，在流水线上实现个性化定制的工艺传递，如图 8-3 所示。

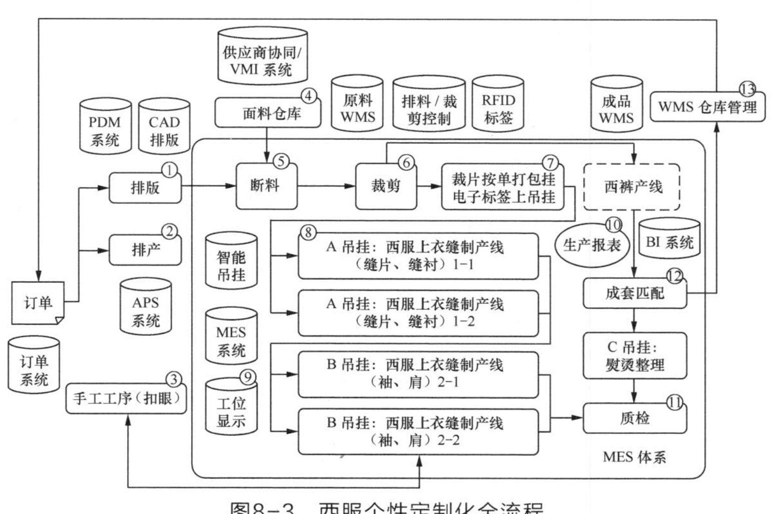

图8-3 西服个性定制化全流程

对比来看，纯手工高端定制西装的生产周期为 3～6 个月，售价最低需要 1 万元；酷特智能的定制西装从接单到出货最长只需用时 7 个工作日，价格根据面料质量最低只需要 2000 元。2014—2018 年，酷特智能在实现零库存的同时，定制业务量、销售收入和利润连续实现高速增长。

在酷特智能的生产车间可以看到，从流水线上下来的成衣、颜色、款式、面料都是完全不同的，却实现了工业化批量生产。工业化的方式也能满足个性化的需求，这正成为传统制造业追求的方向。

先行探路为行业发展开拓想象空间

酷特智能已经成为一家大数据企业，也是一家解决方案的输出企业，成为被学习与模仿的对象，受到了包括海尔、华为、阿里巴巴、联想等其他行业巨头的关注。2015 年国务院《关于信息化建设及推动信息化和工业化深度融合发展工作情况的报告》中，对酷特智能的新业态、新模式予以肯定。“酷特智能模式”对服装行业、对我国制造业转型都有重要的启示意义。

意义一，开启个性化定制的全新时代

从大规模制造转为大规模定制，以满足用户个性化的最佳体验，正是互联网时代传统企业必须跨过的坎。“酷特智能模式”蕴含的新思维、新市场、新业态催生了全新的“工商一体化”的运营模式。在这种模式下，工业和商业将不再分立，而是融为一体，要素的生产商、产品生产商、物流方和普通消费者都在一个全新的价值创造和共享平台上从事相关的经济活动。消费者是整个价值链的始点，也是终点。一个全程由数据驱动的供应链将有效协调并深化各个节点上的分工，各方参与主体都将根据各自对消费者的贡献分享价值。当消费者众多的个性化需求都能够通过C2M平台得到实现，这将释放巨大的经济价值和社会价值。

意义二，为传统制造业升级和转型提供新的方法和途径

酷特智能在“互联网+服装定制”领域的探索为服装行业开拓了新的想象空间。在酷特智能模式的基础上，已经有服装企业进一步发展出全面的互联网模式，将每台缝纫机作为独立的信息终端，直接与云平台实现交互共享，所有的辅料、原料、面料全部被编码成云平台可以识别的数据语言，在生产线上进行传输。当前，中国正在探索制造业的升级和转型方式，酷特智能模式为信息化和工业化的融合和同步发展提供了一个在方法和操作上都相对完备的模式。这种模式的运用和推广将为中国传统制造业升级和转型乃至中国经济发展模式的升级提供参考。

意义三，创新生产组织方式，实现个性化定制的大规模生产

酷特智能运用“大数据、云计算、智能化”，创新生产组织方式，打造了大数据支撑下的定制平台。该平台基于三维信息化模型，以订单信息流为核心线索，在组织节点进行工艺分解和任务分解，并以基于物联网技术的数据传感器，持续不断地收集任务完成状况，反馈至中央决策系统及电子商务系统，通过全程数据驱动，传统生产线与信息化深度融合，实现了以流水线的生产模式制造个性化产品。

8.3 服务型制造：徐工“道路施工一站达”

国家“十二五”规划纲要中明确指出，未来中国制造业的发展重点是努力推动“生产型制造”向“服务型制造”的方向转变，推进高端装备制造业的产品数控化、生产绿色化和企业信息化——中国制造业正踏上迈向“制造强国”的伟大征途中。

实际上，“服务型制造”所包含的内容和范畴相当丰富：在价值实现上，“服务型制造”强调由传统的产品制造为核心，向提供具有丰富服务内涵的产品和依托产品的服务转变，直至为顾客提供整体解决方案；在作业方式上，由传统制造模式以产品为核心转向以人为中心，强调客户、各参与作业者的认知和知识融合，通过有效挖掘服务需求实现个性化生产和服务；在运作模式上，“服务型制造”强调主动服务，主动将顾客引进产品制造、应用服务过程，主动发现顾客需求，展开针对性服务，企业间基于业务流程合作，主动为上下游客户提供生产性服务和服务性生产，协同创造价值。服务型制造的概念与特点如图 8-4 所示。

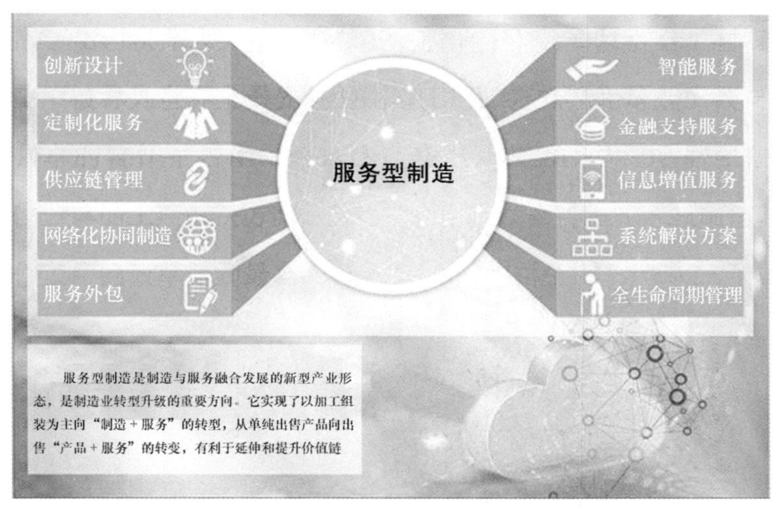

图8-4　服务型制造的概念与特点

目前，国内正在大力开展“中国制造+互联网”的建设活动，徐工集团作为工程机械行业的排头兵，在向服务型制造企业的转型升级道路上大胆探索，取得了不错的成绩，成为服务型制造示范单位。

成立于 1989 年的徐工集团是中国工程机械行业规模宏大、产品品种与系列齐全、独具竞争力和影响力的大型企业集团。为了提高企业的智能化制造水平，徐工集团通过两化融合升级、大数据服务、智能制造整体解决方案等方式，积极发展与探索“智能制造+互联网”“互联网+服务”等新型业态，助力企业向服务型制造转型升级。徐工集团于2014年成立江苏徐工信息技术股份有限公司，为徐工集团提供软件服务、智能化整体解决方案，提升企业智能化制造水平和生产效率，同时服务于制造业企业的下游客户，在增强客户黏性的同时提升赢利水平，向服务型制造业转型升级。

服务型制造探索

装备制造业是制造业的重要组成部分，是制造业的基础与支柱。装备制造业在促进制造业整体水平、提高带动其他产业方面起到了至关重要的作用。当前制造服务化成为制造企业提高竞争力的重要趋势。通用电气、IBM、西门子等国际制造业巨头正在逐步从制造业企业向服务提供商转型。随着服务经济的发展，中国装备制造业逐渐开始实施服务化战略。近年来，作为我国装备制造业排头兵的徐工集团结合其自身优势，在巩固工程机械主业的同时，积极实施服务化转型，逐渐向高附加值环节移动，增加服务业比重。

面对当前国外市场形势的持续低迷，徐工集团积极探索，不断拓展互联网与企业发展的新模式、新业态，引领着行业新一轮的创新变革、转型升级。2015 年 10 月 10 日上午，徐工集团道路机械事业部正式推出了路面机械行业首个专业化、品牌化一站式解决方案门户网站服务平台——路之家，如图 8-5 所示，这标志着徐工集团从传统制造业到服务型制造业的转型。

图8-5　徐工“路之家”

聚焦客户，对接市场

作为行业领导者，徐工集团始终聚焦客户需求，以互联网思维洞察行业、客户面临的各种问题：购买整机时会因参数性能不清晰而陷入迷茫；二手车交易和租赁信息的发布只局限于朋友圈，影响力有限；鱼龙混杂的配件市场，加上价格的不透明使客户陷入烦恼；专业化程度较高的道路机械始终没有专业的行业交流互动平台……

为了解决上述问题，徐工集团聚焦客户、对接市场，自主研发了“路之家”——专为客户提供方案解决的“互

联网 +”信息化服务平台。基于“全身心”服务的品牌形象，徐工集团又搭建起一个营销、服务、配件的互联网信息化平台，为客户提供更好的购机、租赁、配件、施工工艺、二手车等成套解决方案，推进客户终身服务，并整合物联网、工程需求、机手、维修师等社会资源和力量，为广大客户构建一个完整、可持续的道路机械绿色发展“生态圈”。

“路之家”以“互联网 +”作为创新驱动力，对“整机、备件、租赁、施工工艺、二手车”进行全维度整合；整机销售将采用线上展示和线下交易的 O2O 模式；备件可以实现线上直接下单付账购买；二手车方面提供线上平台和线下评估支撑；实现了租赁信息的融通……“路之家”的备件销售业务直接面向客户开展，可以从网上直接下单交易，从厂家各级备件仓库直接发货，极大地降低了流通的成本，提高了过程的效率，使产品价格和配置更加透明化，不断让利客户、满足需求。此外，二手信息、机手信息、租赁信息等在“路之家”都是为道路机械客户免费开放的平台资源，彻底打倒了徐工道路机械携手客户共赢路上的“拦路虎”。

“路之家”上线以来，以其一站式选购整机、配件，一揽子解决方案吸引了 80 余家媒体争相报道，上线当天网站访问量破 3 万，同时平台服务功能受到行业内的高度评价。在社会热点关注下，“路之家”把握市场脉搏、夯实品牌影响力、引爆服务型制造业转型新潮流，短短3个多月，“路之家”点击量达16万次，日均1300人次，注册会员3100个。

一站式解决方案把脉服务型制造

2016年以来，徐工持续推出一系列活动推广“路之家”，造福广大客户。当下无论是汽车行业，还是工程机械行业，都比较流行搭载互联网平台的二手交易及设备租赁市场。为此，徐工积极发动全线营销人员鼓励客户到“路之家”发布二手出售及求购信息，整合全国优质资源，免费为客户提供多套二手车及租赁方案，并有效消化企业库存二手设备。

此外，“路之家”充分借助徐工微信公众平台，开展分享“路之家”App二维码送产品模型等多种新媒体互动活动，涵盖整机选择、二手机交易、配件交易、施工工艺咨询等功能丰富的品牌化、专业化服务模块，为用户提供一站式解决方案，真正实现工程机械整机、配件、后市场、方案解决的全维度资源整合，让客户充分体验到徐工道路机械方便、快捷、经济、高效的“全身心”服务真谛。

“路之家”通过产品中心、配件商城、二手交易、设备租赁、在线问答五大板块为全球客户提供贴心、贴身的全生命周期超值服务，加速信息化升级，打造数字化研发管理平台，实现智能研发、智能制造、智能化服务、电商营销、电商备件销售、数字化办公等一体化，努力从产品型经营向资产型经营、服务型经营转变。

作为“中国第一家品牌化的道路机械一站式解决方案门户网站”，“路之家”必然为行业发展带来新的业态模式，引领行业向着服务型制造业的新一轮转型升级和变革创新不断迈进。

第九章　业态创新：构建产业发展新空间

创新就是创造性地破坏。

——熊彼特

业态创新涉及的是产业价值链的高端环节，是指在业态发展的过程中，以新的经营方式、新的经营技术、新的经营手段取代传统的经营方式和技术手段，并由此创造出不同形式、不同风格、不同商品组合的店铺形态去面向不同的顾客或满足不同的消费需求。

近年来，我国在互联网技术、产业、应用以及跨界融合等方面取得了积极进展。传统行业加上现代元素，通过技术创新、新技术改造、传统产业分化、不同产业融合等途径形成的新的产业形态。互联网与传统行业融合发展的“互联网 + 工业”“互联网 + 金融”等新业态层出不穷，为产业的发展开拓了新的空间。

9.1 工业互联网：GE Predix 平台

当前，全球工业互联网正在加速发展，工业互联网平台作为构建工业互联网生态的核心载体，成为推动制造业与互联网融合的重要抓手。近两年，国际知名工业企业纷纷布局互联网平台，力争抢占先发优势。2017 年年底，我国发布《深化“互联网 + 先进制造业”发展工业互联网的指导意见》，明确指出“要支持有能力的企业发展大型工业云平台，推动实体经济转型升级，打造制造强国、网络强国”，这标志着我国工业互联网平台建设进入一个新的阶段。国外互联网平台布局早于我国，其中影响力最大的是 GE（通用电气）在 2015 年推出的 Predix，Predix 也是工业互联网平台的标杆之一。

GE 公司是世界上最大的多元化服务型公司，致力于不断创新、发明和再创造，将创意转化为领先的产品和服务，创造由软件定义的机器，集互联、响应和预测之智，致力于变革传统的工业模式。GE 数字集团将庞大的机器数据流与强大的分析能力和人连接，为工业企业提供有价值的见解，使其能够更有效地管理资产和更高效地运营。GE 汇聚世界一流的人才和软件实力，专为行业独特需求而设计打造云操作系统 Predix，帮助推动数字工业企业转型，实现生产力、供应能力和使用寿命方面的切实收益。

Predix 是全球第一个专为工业数据与分析而开发的操作系统，它不仅能实时监控包括飞机引擎、涡轮、核磁共振仪在内的各类机器设备，同步捕捉它们在运行过程中高速产生的海量数据，还能对这些数据进行分析和管理，做到对机器的实时监测、调整和优化，从而提升运营效率。除此之外，Predix 还提供安全的数据存储环境，确保在各种云环境中都能与各种应用无缝连接。可以说，Predix 是实现全面数字化的敲门砖。如今，从能源、航空到医疗、照明，Predix 早已将 GE 的每台设备紧密相连，GE 也已经通过该平台开发了近 40 款工业互联网应用程序。工业互联网操作系统 Predix 正在为数字工业企业提供强大的助力，进而推动全球经济的发展。GE Predix 平台架构如图 9-1 所示。

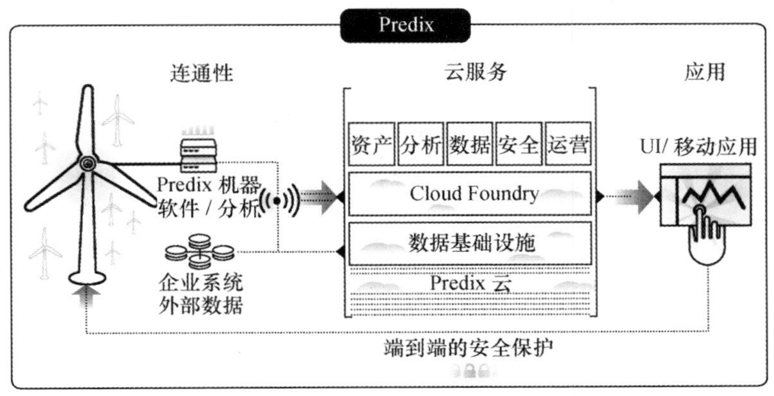

图9-1　GE Predix平台架构

Predix 商业模式的演进历程

由内部资产管理平台向综合性工业平台转型

随着制造业智能化的不断推进，制造业对承载设备泛在联系、海量数据集聚管理、深度智能应用的通用 PaaS 平台的需求越来越大，而 Predix 正是现阶段为工业数字化提供 PaaS 服务的典型代表，其发展经历了从资产管理平台向综合性工业平台转型、由 IT 向 OT 延伸的过程。最初，Predix 只是作为企业内部的资产管理平台，负责连接、监控、优化 GE 数以百万计的数据资产。随后，GE 将 Predix 升级为面向全球服务的工业互联网平台，具体表现：扩充连接设备，允许连接各种机器、传感器、控制系统等非 GE 资产，完善工业服务；同时提供云服务和边缘计算服务，扩展开发功能，允许第三方进行资产建模和应用程序开发。之后，Predix 借助美国强大的互联网优势，通过与 IT 厂商的合作向工业领域逐步推进。与思科合作推出了经过强化处理、适用于油气行业的工业路由器，与软银、Verizon 和沃达丰组成联盟，为工业互联网提供经过优化的无线网络连接方案。

由平台端云计算向移动端边缘计算扩展

便捷高效的移动体验是工业互联网发展的趋势之一。

基于这种判断，GE 于 2017 年 10 月宣布与苹果合作，将业务从 PC 和 HMI（人机交互界面）向移动终端扩展。双方共同为 iOS 平台推出一套 Predix 软件开发工具包（SDK），推动移动端的工业互联网应用开发。同时，工业互联网发展的另一个趋势是边缘计算。Gartner 预测，到 2022 年全部企业数据中约 75% 是在数据中心和云之外生成和处理的。于是，Predix 于 2017 年 10 月推出了重要的更新功能 Predix Edge（边缘功能），可以在网络边缘端进行数据收集、分析、事件响应，利用边缘计算优化性能以提供更为精准的洞察能力。随后，Predix Edge 被应用于实例中。例如，2018 年 1 月，GE 子公司 Avitas Systems 为全球领先的数字内容分发商 Limelight Networks 部署的下一代自动化检测平台，正是使用 Predix Edge 来处理对时间敏感的工业物联网数据。

GE Predix 在国内外的应用案例

BP（英国石油公司）和 GE 的油气部门联合发布了一个 POA 服务（Plant Operation Advisor），这是一个全新的基于 Predix 开发，旨在提高 BP 油气生产环节的效率、可靠性和安全性的数字化方案。POA 已经帮助 BP 提升了其在墨西哥湾炼油厂的性能，并且会在下一个年度部署在 BP 全球的炼油工厂。该方案将成为 Predix+APM 方案的全球最

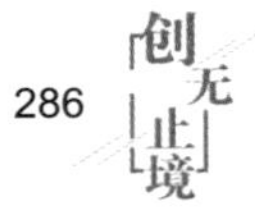

大的部署案例。

Exelon（美国爱克斯龙电力公司）是美国最大的核电力公司，采用了 GE Predix 平台实现数字化转型。Exelon 部署了 Predix 的完整套件，应用在全公司的 33GW 核电、混合电力、风电、太阳能和天然气的电厂上，并合作开发了众多基于 Predix 的工业 SaaS 应用。

对 Qantas（澳洲航空公司）来说，燃油的使用效率是至关重要的。自从 2015 年开始，该航空公司利用 GE 的 Flight Analytics 软件，已经节约了数百万公斤燃油。从 2017 年开始，他们开始为最重要的资产——飞行员配备基于 GE Predix 开发的移动应用 FlightPulse，以便让 1700 多个飞行员获取更精确的飞行数据，做出更精准的燃油使用决策。

Ferromex（墨西哥铁路）是墨西哥最大的铁路运营商，利用 GE 交通的 Smart Shopping 套件降低列车的停留时间，实现 7×24 小时对 100 辆列车进行健康和性能的实时监控和分析。通过精细化的分析，在列车进入维修车间之前就可以实现运维的预测，以此减少宕机的时间和维修的成本。

在医疗行业，早在 2013 年，仁济医院就开始与 GE 医疗合作，使用资产云管家 Asset Plus。Asset Plus 能从远端观察到每台设备的运行负荷，进行远程就诊调控和分流，降低高负荷机器的运行时间，把等待就诊的病患引至闲置设备，一方面使设备利用率得到了提升，避免单台机器长时间超负荷工作造成停机；另一方面也减少了病患等待的时间。

在航空领域，国内与 GE Predix 合作的例子是东方航空公司。GE 基于大数据建立的发动机叶片损伤分析，可以对发动机维修的安排提供准确率高达 80% 的参照。推出的 GE 航空大数据平台，着眼于飞行（风险）分析、燃油管理以及发动机分析三大关键领域。GE 与东方航空共享各自掌握的海量数据，充分释放 GE 在大数据分析技术以及在发动机领域的最佳实践和创新技术的价值，帮助东方航空公司提高飞行安全管理水平、降低燃油消耗和排放，有效应对引发计划外维修与在翼时间等问题。

在电气领域，GE 为广日电气制定了 APS、MES、WMS 三大系统，实现了对物料入库 / 出库、分发、转移、不合格品、VMI、库存检查等的全过程管控。改变了以往的生产模式，解决了之前广日电气的产品大量堆积浪费的问题，起到了降本增效的作用。

目前，Predix 已经成为行业最具影响力的工业互联网平台之一。Predix 的四大核心功能是连接资产的安全监控、工业数据管理、工业数据分析、云技术应用和移动性。GE 希望将 Predix 打造成全球范围内的工业互联网标准，成为各个合作伙伴都愿意参与的生态系统。实际上，由于 GE 一直从事的都是与基础设施相关的制造业服务，如航空、能源、电力、医疗等，GE 积累的数据主要是产品的运行状态数据，如飞机发动机引擎、医疗数据、能源数据等。GE 善于对产品运行状态的数据进行采集，但对于产品的生产和制造过程的数据采集，并不如西门子这样的工业自动化厂商经验丰富。

9.2 分享制造：沈阳机床的 i5 机床

分享经济是互联网发展的重要趋势和方向。当前，分享经济在消费环节正以倍数效应增长着，既出现了汽车、房屋、餐饮、教育、医疗等面向个人消费者领域的分享经济，也存在着滴滴打车、神州专车、小猪短租等分享经济的新业态。总体来看，分享经济的发展才刚刚起步，分享经济的春天将是从分享消费资料走向分享生产资料，从消费环节分享走向生产环节分享，从为个人消费者服务到为企业服务，从提高交易效率到提高生产效率。

以装备制造和原材料生产为主的工业，要比一般的加工贸易产业转型升级更加艰难。机床作为工业的母机，曾迷失于电子计算机时代，而现在正在面临跨越式发展的绝佳机遇。随着信息技术从移动通信进入制造领域，沈阳机床紧紧抓住这次以智能制造为核心的新一轮工业革命契机。

转型探索“i5 战略”的提出

2002 年至 2011 年，沈阳机床全球行业排名从第 36 位跃升至第一，但中低端产品占主流。2012 年后由于需求结构的变化，低端产能过剩，沈阳机床开始进入艰难转型期。构建转型升级的“登天梯”，要靠核心技术创新突破和制造模式、商业模式的颠覆性创新来完成，要协同各方资源，构建制造业的分享经济新生态。以首推 i5 智能机床为开端，到智能工厂，再到智能制造谷和 iSESOL 云平台，沈阳机床加速从传统制造商向现代化工业服务商转型，建设智能生态体系，从工业生产向智能制造方向迈进，更重要的是“内核”在起变化，沈阳机床创造了一种新的商业模式，正在大规模推进租赁模式，试水分享经济。

2014 年，沈阳机床推出“i5”战略，构建了智能工厂新模式。i5 是沈阳机床对自主开发的数控系统的命名，其字义来自 5 个英文单词——Industry（工业）、Information（信息）、Internet（互联网）、Intelligence（智慧）、Integration（集成）的首字母。这是沈阳机床开发的世界上第一个智能、互联数控系统，是我国机床制造业转型升级的代表。

2015年，沈阳机床构建iSESOL（在线技术解决方案），发展成为一种新商业模式。2015年4月，沈阳机床云平台在京举行发布会，正式宣布与神州数码、光大金控联合投资成立智能云科信息科技有限公司（iSESOL）。iSESOL云平台取意于智能工业工程与在线服务平台（Smart Engineering & Services Online）。iSESOL云平台的目标是以“中国制造2025”战略与“互联网+”理念为指导，制造装备互联为基础，基于“工业互联+云服务+智能终端”创新模式，打造智能制造新生态，让制造更简单。如图9-2所示。

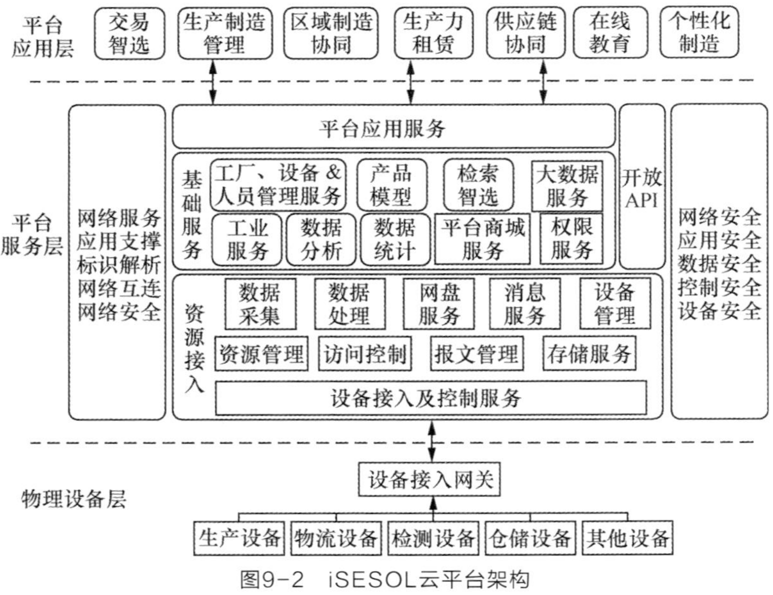

图9-2　iSESOL云平台架构

2016年，沈阳机床对新的商业模式进行大面积推广。

iSESOL 云平台计划在三年内实现 10 万台以上的智能装备联网。这些线上智能装备将以离散式存在于物理空间，同时存在于网络空间，实现物理机床与网络虚拟机床 3D 实时仿真，形成生产力资源池，也就是社会化的数字化工厂。而在线上，沈阳机床的 iSESOL 云平台已集聚 5000 多台智能机床和若干智能工厂联网，为客户提供在线实时服务、供需对接等新兴业务，累计提供 35 万多小时的服务，成交订单达 5511 单。

“i5 战略”催生共享制造

沈阳机床的 i5 核心技术为数控机床解决了大脑问题。由于它是智能和互联的，与其他技术有很大的不同：它可以通过互联网无障碍连接。在传统模式下，生产系统无法快速响应，不知道用户的下一个需求，无法关注用户的使用过程。在沈阳机床通过 i5 核心技术搭建的智能制造生态系统中，每台智能机床都直接与用户的需求相连，不仅实时透明，而且可以在更高的智能工业云端汇聚。这样一个与用户实时连接的透明系统，塑造了整个系统的信用，从传统的买卖到分享，实现了技术、信用和商业模式上的可能。通过网络，可以对售出机床的生命周期的全过程实施监控；通过手机，可以随时向云端的 i5 智能机床下达指令，轻松制造出产品。机床是不是在工作？在加工什么？工作量如何？耗电量多少？这些数据一目了然。在手机界面点开一个操作软件，对应的i5机床的状态便能看得清清楚楚。这样，按使用时间或创造价值收费就成为现实。同时，一台台联网的智能机床也为智能化的社会生产和个性化定制提供了可能。这就是沈阳机床的“i5战略”，而这一战略催生了一个新的经济形态——“分享经济”。

分享经济模式，改变了传统的买卖关系，打造出商业的新生态，从简单的买卖到按时间、按工件数量、按价值付费。作为主品牌商，沈阳机床不再是“一卖了之”，自身的利益与用户的利益、伙伴的利益紧紧捆绑在一起，过去简单的售后保养维修必须扩展到全产品生命周期，向用户提供完整的技术解决方案、陪产服务、生产流程优化、系统生产力持续提升、车间智能管理、客户需求及产品需求定制等长期伴随式服务。iSESOL云平台可以根据订单要求，根据参与生产企业的生产能力、设计能力、设备闲置情况、效率优势等综合标准匹配挑选最佳的生产企业，实现订单共享等云服务。从机床到工厂，从工厂到智能制造共享生态，iSESOL让智能工厂联系起来，让不同的客户联系起来，形成企业链条、行业链条，促进全行业乃至全区域的产业升级。2016年，沈阳机床在鄂西大山深处的十堰市创建了以圣伟屹智能制造公司等为代表的一批智能工厂，推出安全创业等新型分享制造模式，让一批中小企业再现生机。圣伟屹智能制造公司的员工从打工者变身 i5 创客，租用智能机床承接各类订单。10 名创客租用 9 台机床，自愿三班倒，24 小时不停机，加工量成倍增长，成本降低了一半。

智能制造谷合作共享制造

2017 年以来，沈阳机床与江苏省盐城市建湖县、湖北省钟祥市、浙江省嘉兴市嘉善县干窑镇、安徽省马鞍山市博望区等多地进行“智能制造谷”项目的合作，在这些低端制造设备仍被大量使用的地区，帮助他们对传统产业进行升级，提供 i5 智能机床、金融租赁、整体解决方案和 U2U 新商业模式（按小时、按工件数量、按价值付费的分享经济模式），对当地产业提供智能制造服务。

湖北十堰作为东风乘用车制造基地，拥有大量的汽车零部件加工企业。十堰 5D 智造谷由沈阳机床当地的合作伙伴负责运营，自 2016 年 6 月 25 日投入运营之日起，i5 智能机床已陆续增加到 133 台，并已发展为 i5 智能制造创客空间。目前，该平台共有 7 个创业团队，共计 68 人，已经承接了发动机缸体类、支架类、光电通信接收器等近 20 类业务，每年有1000多万个零部件需要加工制造。2017年，在该平台上已经形成的经济规模为8300万元。

建湖5D智造谷为基础加工企业提供了“线下+线上”的共享生产力平台，共投放800台i5智能共享机床。目前，已经入驻的4家企业实现了产品升级、管理升级、经营升级，不仅实现了“拎包入驻，即时分享”的轻资产运营模式，同时做到了信息数据在生产过程中实时透明，并且实时联通。

i5智能共享机床被德国专家誉为“工业4.0现实样板”。依托i5智能共享机床，信息通信技术进入了工业制造全过程，沈阳机床也成为中国新型工业化道路的示范单位。

9.3 互联网金融：蚂蚁金服

互联网金融是传统金融行业与互联网精神相结合的新兴领域。互联网金融模式既不同于商业银行的间接融资，也不同于资本市场的直接融资，而是一种直接融资模式。互联网金融是依托支付、云计算、社交网络等产生的一种新兴金融模式。这种金融模式效率高、成本低、操作便捷、交易体验好，且互联网客户可以通过网络平台自行完成对基金信息的对比、甄别、匹配和交易，有效激活了市场存量资金，提高了社会资金的使用效率。

互联网金融的发展背景：一是互联网技术的发展；二是利率的市场化。而互联网金融的兴起与我国银行发展的现状及人民的需求密切相关。长期以来，国有商业银行几乎处于垄断地位，商业银行以存贷款利差获得高额的垄断利润、缺乏竞争使银行的存款利率较低。另外，传统商业银行的办事效率深受诟病，这就为方便快捷的互联网金融的发展创造了良好的契机。

互联网金融在近年来得到了迅速的发展。目前，互联网金融主要有四种形式：基于电商交易结算的第三方支付，如支付宝；基于第三方支付功能的金融产品结算和销售，如余额宝；基于交易信息的小微信用贷款，如阿里小贷；基于信息平台的融资服务，如 P2P 等。在目前的互联网金融公司中，规模最大的是蚂蚁金服。蚂蚁金服旗下有支付宝、余额宝、招财宝、蚂蚁聚宝、网商银行、蚂蚁花呗、芝麻信用、蚂蚁金融云、蚂蚁达客等子业务板块。

蚂蚁金服成立于 2014 年 10 月，其前身是 2004 年成立的支付宝。目前，蚂蚁金服已经发展为全球最大、业务最全的互联网金融公司之一。蚂蚁金服起源于贸易，在电子商务中产生了大量的支付需求、担保需求，阿里巴巴旗下的蚂蚁金服做金融业务的初衷是为了满足这些需求。从

2004 年支付宝诞生以来，蚂蚁金服的金融版图从最基础的技术和数据业务，发展到支付业务，进而发展到小额贷款、消费金融业务，业务形式不断丰富，金融层次不断发展，至今已经发展为以支付为基础的全能型平台。同样得益于技术的进步，蚂蚁金服的交易效率提升以及交易成本降低，保证了金融业务对电子商务的反哺。

蚂蚁金服除了基本的技术和数据业务外，目前的业务还涵盖征信、支付、理财以及融资四个方面，形成了全方位发展、多线路合作的业务布局。

搭建金融生态体系

蚂蚁金服利用阿里巴巴集团在电商、大数据、征信等方面的优势，搭建了基于共享经济下完整的金融生态体系，发展成为国内乃至全世界范围内的互联网金融行业领军企业。其发展的逻辑在于：共享经济下的金融生态构建是其发展的基石；电商系自营消费金融是其发展的核心优势；资产证券化是其降低资金成本、扩展资产规模的利器。

在共享经济和移动互联网的时代背景下，蚂蚁金服的迅猛发展主要是因为其业务形式符合时代的金融服务需求，满足了新时代社会、产业和个人的金融需求。移动互联网下的商业形态是精细之美，共享经济的商业形态是分享之美。在这小而美的时代，通常以中小企业为主；适应这个新时代的金融形态也逐渐向小微金融发展。

小微金融，包括股权众筹、网络借贷、消费金融等业态，其实就是平台模式。平台模式是以体验为核心，是利他透明的，正好符合这个时代的需求。蚂蚁金服能够触及大机构鞭长莫及的边缘地理区域，能够保证小客户的平等、个性化服务，能够运用大数据处理平台大流量，能够满足广大互联网、移动互联网客户的长尾金融需求。蚂蚁金服致力于打造开放的生态系统，通过“互联网推进器计划”助力金融机构和合作伙伴加速迈向“互联网+”，为小微企业和个人消费者提供普惠金融服务。

蚂蚁金服的金融生态体系是从支付到资本，从低级到高级生态的全面铺设。一个完整的互联网金融生态圈有必要的主体与核心要素：第三方支付、大数据、信用评级与征信。在平台的基础上，创造众多的生活与消费场景，构建消费金融、网络借贷、股权众筹、互联网银行、互联网证券、互联网保险、互联网基金、互联网理财等各种经营业态；连接资产端的个人与企业借款者、银行、保险、基金等传统金融机构，小贷公司、保险公司、融资租赁公司、典当公司等金融机构，以及投资端的个人与机构投资者等，从而形成一个完整的内生循环的金融生态圈，在资源整合

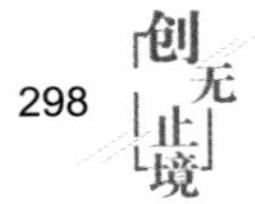

与共享中共同创造价值。

蚂蚁金服从事消费金融存在几点独特优势：第一，经过多年经营，蚂蚁金服在自己的生态圈中积累了大量的活跃用户，同时也在各生活服务类场景中大量布局，完善了生态体系；第二，蚂蚁金服拥有会员用户海量的交易数据，基于大数据风控模型，蚂蚁金服相比传统金融机构能够以更低的成本、更高的精度来衡量用户的风险水平，例如，蚂蚁金服在消费信用上的研发，对接芝麻信用的蚂蚁花呗、微贷业务便是数据信用化的尝试；第三，对芝麻信用来说，蚂蚁花呗可以拓展其应用范围，提升其征信产品的吸引力与黏性；第四，对蚂蚁花呗来说，由于芝麻信用是面向消费者的业务，它可以直接向客户展示能贷多少、为何能贷这么多等问题，将产品简化和标准化，有利于业务的推广。

后 记

创新是引领发展的第一动力，是我国建设现代化经济体系的战略支撑。推进“大众创业、万众创新”，是发展的动力之源，也是富民之道、强国之策。当前，我国正在大力推进创新驱动发展战略，出台了一系列鼓励创新创业的政策文件。在此“双创”背景下，向广大人民群众普及创新创业知识，提高整体创新意识和水平，具有非常重要的意义。

在策划本书时，我们曾进行过认真细致的推敲，一是想走比较严谨的学术路线，二是想通过通俗易懂的科普方式将新时代的创新介绍给读者。两种选择各有利弊，几番斟酌，还是决定走科普型图书路线，毕竟关于创新的各种专著、关于“双创”的各种政策文章，市面上已比比皆是。我们认为，创新创业不仅是国家、企业、创业者需要关注的事，更是全社会都应当了解的事。普通大众都应该了解创新的重要性，了解我国创新战略的背景和实施，了解创新的成熟经验和成功案例。在此定位下，本书在写作的过程中尽量摒弃了专业术语，采用通俗易懂的语言进行书写。

本书从筹划、设计到成文，再到初审、统稿、终审，历时近一年，反复修改，几经易稿，终于成文。在写作的过程中，为了增加文章的趣味性和可读性，我们反复斟酌语言，力求叙述活泼生动。整个过程工作量大，需要团队的密切配合与通力协作。国润创投（北京）科技有限公司作为一家向企业提供专业的信息化发展和绿色制造体系服务整体解决方案的综合型咨询机构，在本书的创作过程中主要承担了收集、整理资料的工作，在此表示感谢。

本书列举了大量的案例以方便读者理解，在此对苏宁易购集团股份有限公司、华为技术有限公司、百度（中国）有限公司、珠海格力电器股份有限公司、小米科技有限责任公司、阿里巴巴集团、海尔集团、青岛酷特智能股份有限公司、徐工集团、沈阳机床集团、蚂蚁金融服务集团等表示感谢。

最后，我还要感谢家人的理解和支持。

由于时间有限，本书的不足之处在所难免，敬请专家和各界同仁提出宝贵意见。

2019 年 6 月